LE COLONEL EST RETOURNÉ CHEZ LUI

Am
Les
Les
Au

Liste alphabétique complète des

Romans d'Exbrayat

(Masque et Club des Masques)

	Masque	Club des masques
Aimez-vous la pizza?	700	55
Amour et sparadrap	680	21
Les amours auvergnates	1001	506
Les amoureux de Léningrad	1061	157
Au " Trois Cassoulets "	1154	229
Avanti la musica	715	43
La balade de Jenny Plumpett	1481	
Barthélemy et sa colère	854	354
La belle Véronaise	1210	268
Les blondes et papa	727	126
Bye, bye, chérie	1330	562
Caroline sur son banc	1556	
Ce mort que nul n'aimait	625	133
Ces sacrées Florentines	1046	147
C'est pas Dieu possible	1300	544
Cet imbécile de Ludovic	674	85
Chant funèbre pour un gitan	1012	145
Le château des amours mortes	1608	
Chewing-gum et spaghetti	665	12
Chianti et Coca Cola	897	33
Le clan Morembert	1098	520
Le colonel est retourné chez lui	875	170
Les dames du Creusot	904	398
Le dernier des salauds	958	454
Des amours compliquées	1457	591
Des demoiselles imprudentes	721	369
Des filles si tranquilles	1123	529
Deux enfants tristes	1423	555
Dors tranquille, Katherine	762	286
Les douceurs provinciales	1744	51
Elle avait trop de mémoire	583	27
En souvenir d'Alice	1469	
Encore vous, Imogène?	753	118
Espion où es-tu? M'entends-tu?	1761	98
Et qu'ça saute!	1751	106
Félicité de la Croix-Rousse	1033	215
Les fiançailles d'Imogène	1176	197
Les filles de Folignazzaro	707	360
Fini de rire, fillette	1512	568
La haine est ma compagne	1634	
L'honneur de Barberine	1741	
La honte de la famille	831	478

	Masque	Club des masques
Il faut chanter, Isabelle	992	498
Imogène est de retour	706	110
Imogène et la veuve blanche	1406	571
Imogène, vous êtes impossible	801	140
L'inspecteur mourra seul	638	19
J'aimais bien Rowena	1345	575
Joyeux Noël, Tony	1768	63
Ma belle Irlandaise	1719	
Mandolines et barbouzes	1805	80
Marie de nos vingt ans	1380	
Méfie-toi, Gone!	741	67
Les menteuses	1141	223
Les messieurs de Delft	839	312
Mets tes pantoufles, Romeo	1713	
Mortimer, comment osez-vous?	969	294
Ne vous fâchez pas, Imogène	647	75
Le nez dans la luzerne	1597	
Notre Imogène	1070	165
La nuit de Santa Cruz	592	378
Olé! toréro	788	303
On se reverra, petite	824	47
Le petit fantôme de Canterbury	1392	
La petite fille à la fenêtre	1188	239
Plaies et bosses	919	59
Le plus beau des Bersagliers	779	88
La plus jolie des garces	1728	
Porridge et polenta	1291	345
Pour Belinda	975	393
Pour ses beaux yeux	1167	542
Pourquoi tuer le pépé?	1220	256
Le quadrille de Bologne	1821	102
Quand Mario reviendra	1240	318
Quel gâchis, inspecteur	814	39
Qui veut affoler Martine?	1278	336
Le quintette de Bergame	978	181
Le sage de Sauvenat	1667	
Sainte Crapule	1256	327
Le temps se gâte à Zakopane	1840	92
Ton amour et ma jeunesse	1227	247
Tout le monde l'aimait	1086	205
Trahisons en tout genre	1566	
Tu n'aurais pas dû, Marguerite	1430	585
Un bien bel homme	1116	277
Un cœur d'artichaut	1536	487
Un garçon sans malice	1782	
Un joli petit coin pour mourir	1020	190
Une brune aux yeux bleus	935	71
Une petite morte de rien du tout	893	414
Une ravissante idiote	1827	114
Une vieille tendresse	1645	
Vous auriez pas vu la Jeanne, des fois?	1755	
Vous manquez de tenue, Archibald	872	384
Vous souvenez-vous de Paco?	616	5
Le voyage inutile	925	441

EXBRAYAT

LE COLONEL EST RETOURNÉ CHEZ LUI

LIBRAIRIE DES CHAMPS-ÉLYSÉES

CHAPITRE PREMIER

Il y avait six mois que Doris Tully se trouvait à Plymouth lorsqu'elle rencontra Bert Mullion, un beau garçon qui savait parler aux femmes et se montrait peu enclin aux confidences quant à ses moyens d'existence.

En quittant la ferme paternelle, perdue dans les collines du Devon, Doris — qui se savait jolie — croyait de la meilleure foi du monde qu'elle n'aurait qu'à se montrer pour voir les hommes se jeter à ses pieds avec des propositions toutes plus flatteuses et avantageuses les unes que les autres. Au bout de six semaines, la jeune fille dut s'avouer que nul ne l'attendait pour trouver le courage de continuer à vivre. Quant aux propositions flatteuses pour sa plastique, elles ne s'affirmaient pas honnêtes du tout. Doris mit quatre mois à se débarrasser des bons principes inculqués par ses parents et sombra dans une galanterie clandestine avec, parfois, des sursauts pour échapper à un enlisement dégradant qui, au fond, répugnait à ses goûts de brave fille sans malice et pas tellement courageuse. Alors, dans ces moments de dépression, elle devenait serveuse de restaurant et les clients appréciaient ses bonnes joues de campagnarde pas encore anémiée par la ville. Un soir qu'elle servait à *La Pomme et l'Epi*, elle rencontra Bert Mullion.

Depuis deux mois, Doris partageait l'existence et la chambre de Bert dans Finewell Street. Jusqu'ici il s'était montré très gentil avec elle, ne réclamant jamais rien de dégradant — et pour cela seul, elle lui vouait une solide reconnaissance — il se contentait de lui demander de s'occuper de son linge et de ses repas. A quoi Mullion occupait-il son temps? Doris l'ignorait et ne s'en souciait pas outre mesure puisqu'il lui remettait l'argent nécessaire à la marche du ménage et qu'il la laissait libre d'aller et venir à son gré sans jamais lui poser de questions. Un garçon d'une discrétion extrême.

Presque chaque jour, quand il ne pleuvait pas, Doris se rendait à Sutton Pool et sur le quai de la Barbacane, rêvait devant la plaque qui commémorait le départ du *Mayflower* en 1620. Elle pensait qu'une heure sonnerait peut-être pour elle aussi où elle s'en irait vers un avenir plus riche d'imprévus que celui auquel elle était, pour l'instant, promise. Lorsqu'elle avait bien respiré l'air de la mer, elle regagnait son quartier de St. Andrews sans manquer jamais de s'arrêter un instant à l'église, car en dépit de son existence, elle aimait à prier et à se recommander au Seigneur.

Avant de la quitter ce matin-là pour l'un de ses mystérieux et quotidiens rendez-vous, Bert déclara :

— Vous savez, Doris, je commence à en avoir marre de Plymouth...

Goûtant fort les délices de la grasse matinée, Miss Tully encore couchée, sentit un frisson glacé la parcourir. Pour si simplette qu'elle fût, elle se doutait bien que cet exorde annonçait une rupture définitive et qu'elle devait s'apprêter à retourner à *La Pomme et l'Epi.* En ouvrant la porte, le garçon ajouta :

— Le temps s'est mis au beau et j'ai envie de changer d'air... *Bye-bye, baby!*

Il sortit sur une pirouette, laissant Doris maussade. A la vérité, elle ne souffrait pas d'un abandon trop prévisible. Bien que sans illusion, au fond d'elle-même elle avait cependant nourri le secret espoir que Bert serait le dernier homme de sa vie. A sa déception s'ajoutait une sorte de rancune. Jugeant qu'en la prévenant de façon aussi cavalière, Mullion ne se conduisait pas à son égard en gentleman, elle estima qu'elle n'avait pas à jouer les ladies. Elle se leva, enfila un peignoir défraîchi et se mit à fouiller avec rage parmi les affaires de son compagnon. Elle ne tarda pas à découvrir un portefeuille qu'elle ne lui connaissait pas et qui s'offrit à elle bourré de billets tout neufs de une et cinq livres. Une véritable fortune! Jamais elle n'avait vu tant d'argent à la fois! Pourquoi, étant si riche, Bert ne lui faisait-il pas une existence plus confortable? Puis elle se convainquit que c'était la possession de tous ces billets qui donnait à Mullion l'envie de la plaquer. Son ressentiment s'en accrut. En représailles, elle piqua cinq billets de cinq livres et une dizaine de billets d'une livre avant de ranger le portefeuille à sa place. Lorsque Bert lui dirait adieu, elle aurait au moins de quoi se retourner. Rassérénée, elle prépara le lunch

⁂

Tandis que Doris ruminait des idées de vengeance, Bert Mullion bavardait avec Danny Stepney, le propriétaire du *Pirate borgne,* une boîte plutôt mal famée de How Street.

— Bert, au nom de tous nos amis, je vous remercie pour votre acceptation de vous installer à Colton-on-the-sea. A tous et à vous-même, vous rendez un fameux service. Il paraît que le *Renard rouge* est un gentil établissement où vous n'aurez guère de travail, sauf le samedi, j'imagine. Nous avons presque conclu l'affaire avec Frank Andrews, le propriétaire, vous laissant le soin de mettre un point final aux négociations. Naturellement, nous fournissons l'argent.

— En toute sincérité, Danny, vous estimez que ma présence là-bas est nécessaire?

— Sans aucun doute. Notre fournisseur que nous ne connaissons d'ailleurs pas — puisque Matthews qui nous avait mis téléphoniquement en relation, est mort sans avoir révélé l'identité de ce type — habite Colton-on-the-sea, à mi-chemin à peu près entre Farmouth et Plymouth sur une avancée rocheuse de la côte. Jusqu'ici, il nous faisait apporter la marchandise, mais il a jugé que cela devenait trop dangereux. Voilà la raison de votre établissement à Colton. Dès que notre homme aura quelque chose de prêt, il vous téléphonera pour vous indiquer, où il laissera la marchandise. Vous irez la chercher et, à sa place, déposerez la somme convenue, puis vous attendrez que nous venions prendre la livraison. On exige simplement que vous ne tentiez rien pour deviner qui est notre bonhomme.

— Il peut compter sur ma discrétion. Moi, pourvu que je touche mon pourcentage, le reste je m'en fiche.

— Voilà qui est parlé sagement, Bert. Je devine que vous finirez dans la peau d'un bourgeois bien renté, mon vieux, et qui sait? peut-être deviendrez-vous le maire de Colton-on-the-sea?

*
* *

Doris était trop consciencieuse pour n'avoir point préparé le repas avec autant de minutie qu'à l'ordinaire. Elle éprouvait même une certaine satisfaction à regarder Bert manger de bon appétit. Le garçon achevait son morceau de tarte aux pommes, lorsque s'essuyant les lèvres, il annonça :

— Demain, je pars pour Colton-on-the-sea, un petit bourg de la côte non loin d'ici. Je compte m'y installer en qualité de propriétaire du *Renard rouge*, une vieille auberge pleine de charme.

La bouchée de gâteau que Doris était en train d'avaler, lui resta en travers de la gorge. Bien que préparée à l'événement depuis le matin, elle se sentait quand même prise au dépourvu. Elle se retint cependant de pleurer, avala un verre d'eau et assura d'une voix tremblante :

— Vous... vous avez bien de la chance, Bert... Je... je vous souhaite de réussir.

— Merci.

Mullion but posément sa tasse de café, réclama un petit whisky pour porter un toast à son changement d'état. Quand ils eurent levé leurs verres, Miss Tully avait des larmes dans les yeux en dépit de ses efforts.

— Vous ignorez encore le plus beau, Doris. Imaginez-vous que je me marie après-demain, dans la matinée.

Ce coup-là, elle faillit tomber de sa chaise. Ainsi, une autre lui chipait son compagnon! D'un ton chevrotant, elle remarqua :

— Vous auriez pu me prévenir...

— Et qu'est-ce que je fais d'autre, ma chère?

Tant de cynisme, tant de cruauté la déconcertaient.

— Ainsi, pendant que vous m'embrassiez, c'est à elle que vous pensiez? Ce n'est pas joli, joli, si vous voulez mon avis, Bert Mullion! Et dites-moi un peu pourquoi vous jugez bon de m'entretenir maintenant de vos projets matrimoniaux?

— Mais, parce que c'est vous que j'ai l'intention d'épouser, darling, si toutefois, le perspective de devenir aubergiste ne vous déplaît pas trop?

Elle resta un moment dans l'incapacité absolue d'articuler une syllabe. Enfin elle parvint à réagir et sauta au cou de Bert en pleurant toutes les larmes de son corps. Elle deviendrait Mrs. Mullion et chacun lui parlerait avec respect! Sa vie, qu'elle imaginait perdue quelques secondes plus tôt, lui apparaissait subitement sûre et solidement ancrée dans le bon chemin. Miss Tully était si bouleversée, si pleine de reconnaissance envers l'homme l'arrachant à la déchéance, qu'elle fut sur l'instant tentée de lui avouer le larcin commis dans la matinée. Cependant l'instinct de conservation et la crainte que Bert, en apprenant le vol dont il avait été victime, ne renonçât à ses projets matrimoniaux, la contraignirent au silence. Mais sitôt Mullion reparti vers ses affaires, Doris s'empressa de replacer l'argent volé dans le portefeuille où elle l'avait pris. Néanmoins, parce qu'elle était complètement démunie, elle conserva par devers elle quelques billets d'une livre. Maintenant qu'elle se voyait presque mariée, elle apaisait ses scrupules en se persuadant que ce qui appartenait à son mari lui appartenait aussi. Malheureusement, Doris ignorait que ces bank-notes n'avaient aucune valeur, Bert n'ayant pas jugé utile de lui révéler qu'il était faux-monnayeur de son état.

*
* *

On est en droit de penser que par suite de cette ignorance, le Seigneur dut regarder d'un œil attendri Doris Tully glisser un faux billet d'une livre dans le tronc de l'église de Colton-on-the-sea.

C'était dimanche et sur son plateau rocheux que traversait la route de Farmouth à Plymouth, Colton-on-the-sea ronronnait dans l'ennui ensoleillé du repos dominical. Profitant de la fermeture de l'auberge, Frank Andrews, propriétaire du *Renard rouge*, que la goutte rendait hargneux, et Bert Mullion, tombés d'accord étaient convenus de se rendre dès le lendemain après-midi chez maître Geoffrey Groley pour procéder officiellement à la vente. Pendant ce temps, Doris perchée sur de hauts talons, se promenait nez au vent dans les rues de la petite cité. Elle se sentait déjà chez elle et même le constable assis sur le seuil du bureau de police, lui parut aimable en répondant à son salut. Cette amabilité de ses futurs concitoyens, Miss Tully en eut une preuve nouvelle quelques minutes plus tard, lorsque voulant se procurer une bouteille de coca-cola dans un distributeur automatique et n'ayant pas de monnaie, elle rencontra un gentleman charmant qui se fit un plaisir de lui changer un de ses faux billets.

Dans la voiture les ramenant vers Plymouth, Doris et Bert chantaient faux et à tue-tête ce qui, sous toutes les latitudes, est une marque de jubilation intense. Ils aimaient Colton-on-the-sea, ils avaient confiance dans l'avenir. Ils avaient tort.

De retour dans leur chambre de Finewell Street, Bert déclara d'un air fanfaron qu'il allait sortir pour retrouver ses copains et enterrer sa vie de garçon. A Doris qui faisait la tête, Mullion expliqua que s'il ne devait pas l'épouser, il l'emmènerait avec lui mais comme elle serait Mrs. Mullion dans quelques heures, c'est-à-dire une femme bien, il estimait que sa place n'était pas parmi des gens plus ou moins ivres. Cette remarque réchauffa le cœur de Miss Tully qui se coucha le sourire aux lèvres, impatiente d'être au lendemain. Mais ni Bert ni Doris n'eussent persisté dans leur euphorie s'il leur avait été donné de voir ce qu'il se passait au même moment à Colton-on-the-sea et plus particulièrement chez le constable Ambrose Thorps.

Ainsi que tous les dimanches soir, Ambrose jouait aux dominos avec sa femme, Mildred, et s'efforçait de tricher le plus habilement possible mais Mildred faite à ses manières, réprimait toutes ses tentatives déloyales en les assaisonnant de commentaires acerbes sur l'indignité foncière de certains représentants de la loi. Ambrose était un garçon paisible au visage duquel une grosse moustache rousse ne parvenait pas à donner un air féroce. On le devinait installé benoîtement dans sa médiocrité et uniquement soucieux d'atteindre l'âge de la retraite sans coup dur. Au contraire, Mildred, avec son visage en lame de couteau, son teint bilieux, représentait la femme aigrie, l'épouse déçue qui ne se pardonne pas d'avoir épousé un bon à rien et en veut à la terre entière de sa propre erreur. Elle venait de surprendre son mari en train d'essayer, subrepticement, de se débarrasser de dominos gênants et se lançait dans un discours véhément lorsqu'on frappa à la porte, ce qui eut pour effet de suspendre net son envolée oratoire. Elle regarda la pendule et vit qu'elle marquait vingt et une heures.

— Qui cela peut-il bien être?

Le constable se leva lourdement.

— Je vais voir.

— Et s'il s'agissait d'un malfaiteur?

— Il n'est pas d'usage, Mildred, que les malfaiteurs se rendent de leur propre chef chez les policiers.

Thorps ouvrit la porte et le révérend Arthur Wool montra sa haute silhouette sur le seuil.

— Bonsoir, Ambrose.

Le pasteur Wool ressemblait à don Quichotte dont il possédait l'étonnante maigreur et la foi, légèrement romanesque, dans la possibilité d'améliorer le genre humain. Remis de son étonnement, le constable invita le clergyman à entrer.

— Une bonne surprise... Voulez-vous accepter une tasse de thé?

— Avec plaisir... Bonsoir, Mrs. Thorps...

— Bonsoir. J'espère qu'il n'est rien arrivé de fâcheux à Mrs. Wool?

— Non, non... Grâce à Dieu, Harriet se porte bien. J'ai besoin de vous, Ambrose!

— Pour?

— Pour un conseil.

Le policier respira, soulagé, ayant craint une de ces histoires opposant ses concitoyens et où il lui fallait prendre parti au nom de la loi. Le pasteur semblait très préoccupé et Mildred, flairant quelque beau scandale, frétillait d'impatience. Néanmoins, elle se contraignit au silence tandis que leur hôte buvait son thé. Ce dernier reposa sa tasse, s'essuya les lèvres et déclara :

— Je prétends, Mrs. Thorps, que vous faites le meilleur thé de tout Colton-on-the-sea! Quand je le dis, je dois reconnaître que cela ne plaît pas tellement à Harriet qui est très fière de son propre thé!

Et, sans transition, changeant de ton :

— Ambrose, il s'est passé quelque chose de très grave aujourd'hui à Colton-on-the-sea!

Mildred suspendit son souffle tandis que Thorps commençait à sentir une sueur froide lui mouiller tout le corps.

— Une... une querelle?

Le clergyman haussa les épaules.

— Pour une querelle je ne serais pas venu vous déranger aussi tardivement, voyons!

Intérieurement, Mildred jugea que son mari se montrait toujours aussi bête et qu'il ne s'améliorait décidément pas avec l'âge.

— Une bagarre?

— Vous en auriez eu des échos avant moi.

— Un vol?

— Plus grave.

La gorge sèche, Ambrose murmura :

— Vous ne prétendez tout de même pas qu'il s'agit d'un meurtre?

— Non, mais de quelque chose qui, aux yeux de la loi, est aussi répréhensible que le meurtre! Regardez...

Sortant son portefeuille, le pasteur y prit un billet neuf qu'il déposa sur la table. Les époux Thorps se penchèrent pour l'examiner. Ambrose releva la tête :

— Je ne comprends pas, révérend? Il s'agit d'un billet d'une livre, qu'a-t-il de particulier?

— Rien, si ce n'est qu'il est faux.

— Vous en êtes certain?

— Je l'ai porté chez Douglas Inver, le représentant de la Devonshire Bank. Il a été formel : c'est une imitation médiocre.

— Où l'avez-vous trouvé?

— Dans le tronc destiné à l'entretien de l'église! Il y a vraiment des gens sacrilèges! Des impies qui osent se moquer du Seigneur à travers Son serviteur.

Il y avait tant d'amertume dans la voix de leur hôte que Mildred se crut obligée de lui offrir une autre tasse de thé qu'Arthur Wool accepta avec reconnaissance. Pendant ce temps, Ambrose s'interrogeait sur ce qu'il lui convenait de faire. Comme il ne parvenait pas à se donner une réponse, il demanda conseil au révérend.

— A votre avis... je le confisque ce billet?

— Vous ne le confisquez pas, Ambrose. Je vous le remets en dépôt et vous téléphonez à vos supérieurs pour les mettre au courant.

Horrifié, Thorps s'exclama :

— Maintenant?

— Le plus vite possible.

— Mais cela risque de déclencher toute une histoire!

— La fausse monnaie a toujours déclenché des histoires.

— A moins d'une semaine de notre exposition ovine!

— Notre devoir avant tout, Ambrose!

Le policier ne paraissait pas autrement convaincu. Il fallut que Mildred se portât au secours d'Arthur Wool pour décider le constable.

— Le révérend a raison, Ambrose. Vous devez téléphoner à Plymouth.

Péniblement, lourdement, Thorps se dressa. Il devinait confusément que sa quiétude appartenait déjà au passé. Ah! pourquoi n'avait-il pas trouvé lui-même ce billet? Il l'eût déchiré et nul n'en aurait jamais rien su... Il empoigna la manivelle qui allait mettre en branle, là-bas, à Plymouth, une sonnerie qui résonnerait comme le glas de l'existence paisible du constable Ambrose Thorps. Il ferma les yeux, hésitant au bord d'un monde qui déjà le fuyait et, les dents serrées, tourna la manivelle.

*
* *

Doris estimait que ce lundi matin demeurerait le plus beau souvenir de sa vie. Tenant étroitement un bouquet offert par Bert, avec une belle robe bleue, debout à côté de son mari, dans l'église St. Andrews, elle écoutait les conseils du révérend Caruthers. Derrière le couple, les copains de Mullion arboraient des mines réjouies sauf Danny Stepney paraissant de la plus méchante humeur. Au-delà des paroles du pasteur, Doris voyait un avenir tout de respectabilité avec des babies qui seraient sa fierté. Elle inviterait ses parents au *Renard rouge* et Patsy, la fille de leurs voisins, risquait d'en crever de jalousie. Bert, épanoui, jugeait qu'en épousant cette brave Doris, il réussirait une bonne affaire. Douce, obéissante, assez sotte, elle ne se mêlerait jamais de ses activités clandestines. Ayant l'habitude de servir les clients, elle pourrait facilement le remplacer le cas échéant. Bien sûr, Doris avait un passé un peu tumultueux pour si bref qu'il ait été, mais quelle importance? A Colton-on-the-sea, personne ne la connaissait. Plus il réfléchissait à la question et plus il se persuadait qu'il avait agi judicieusement.

***

Pendant que la plupart des gens assistant au mariage de Doris Tully et Bert Mullion baignaient dans la joie que donne la perspective d'un bon repas bien arrosé, le superintendent Carter Jones s'entretenait avec l'inspecteur Anthony Filton. Les nombreux succès de celui-ci tenaient non seulement à sa finesse de jugement, à son sens de l'observation, à sa mémoire étonnante, mais encore à son allure de petit bourgeois dont on ne soupçonnait pas qu'il pût s'intéresser à autre chose qu'à la pêche à la ligne ou au match de football du samedi. Il inspirait confiance et suscitait les confidences. Devant lui, nul ne se sentait gêné.

— Qu'est-ce que vous pensez de cette histoire que le constable de Colton-on-the-sea nous a racontée par téléphone, Filton?

— Rien encore, monsieur. J'attends d'être sur place. Mais ce faux billet m'intrigue. Il y a longtemps que je soupçonne l'existence de faux-monnayeurs dans notre région. Je dirais même que j'ai quelques idées sur les hommes pouvant être mêlés à ce trafic. Jusqu'ici, j'ai toujours pensé que ces types travaillaient pour l'étranger. Pourquoi commettraient-ils la sottise de mettre leurs billets en circulation par ici? Y sont-ils contraints? S'agit-il d'une erreur? Pour l'instant, il m'est impossible d'avoir une opinion. Toutefois, j'ai le sentiment que, volontairement ou non, ils ont fait le faux pas que j'attendais depuis longtemps. Avec votre permission, monsieur, je vais filer à Colton-on-the-sea dès ce soir.

— J'allais vous le demander.

*
* *

En sortant de St. Andrews, les amis de Bert félicitèrent le couple. Stepney s'arrangea pour passer le dernier et tout de suite, à sa figure, Mullion comprit que quelque chose de grave le menaçait.

— Qu'est-ce qu'il y a, Danny?

Stepney baissa la voix pour l'avertir :

— Il faut absolument que je vous parle en tête à tête et tout de suite.

Bert regarda son ami pour essayer de comprendre.

— Grave?

— Mortel.

Le jeune marié avala difficilement sa salive, toute sa joie subitement envolée.

— Bon, je serai chez vous dans dix minutes.

— J'y compte.

Mullion nota que Stepney s'éloignait sans avoir serré la main de Doris qui n'y prit pas garde. Il s'adressa aux autres :

— Rendez-vous à une heure au *Chien qui fume* pour le lunch de l'amitié! Je suis sûr que vous ne me laisserez pas tomber, hein?

Il n'y avait pas de danger. Ils l'en assurèrent avec des cris d'enthousiasme et s'égayèrent dans les différents pubs du quartier afin de se mettre dans un état euphorique total par l'absorption de nombreux whiskies. Doris, s'inquiéta :

— Nous ne les accompagnons pas?

— Attendez-moi dans notre chambre où vous finirez de boucler nos valises, darling. J'ai une entrevue importante qui m'attend et que je ne saurais manquer. Il s'agit des derniers détails pour l'acquisition du *Renard rouge.* Je serai de retour dans une demi-heure.

Du moment qu'il s'agissait de l'auberge où elle espérait bien s'installer le soir même, Doris ne souleva aucune objection et Mullion fila dare-dare au *Pirate borgne.*

Lorsque Danny et Bert se retrouvèrent, la porte fermée, dans le bureau du premier et qu'ils eurent pris place dans leurs fauteuils, Stepney commença sèchement :

— J'avais une confiance totale en vous, Bert, et ce cadeau qui vous échoit du *Renard rouge* montre assez que j'ai réussi à faire partager cette confiance à tous nos amis. Je suis navré, humilié, de constater que je me suis trompé et que, du même coup, j'ai trompé les autres!

Eberlué, Mullion protesta :

— Qu'est-ce qui vous prend, Danny? C'est une blague ou quoi?

Je souhaiterais que ce fût une plaisanterie, malheureusement... Enfin quoi, Bert, vous avez perdu la raison, ma parole?

— Pas encore, mais je sens que cela ne va pas tarder si vous continuez de la sorte sans me fournir la moindre explication!

— Bert, vous n'ignorez pas que notre... marchandise est loin d'être parfaite et que c'est justement cette imperfection relative qui nous permet de l'avoir à bas prix et donc de réaliser de substantiels bénéfices. Mais il y a un impératif pour notre sauvegarde : répandre cette marchandise là où l'on n'a pas l'habitude de manipuler quotidiennement des livres sterling, c'est-à-dire sur le continent, d'où la raison de notre installation à Plymouth.

— Je sais tout cela, Danny. Pourquoi jugez-vous bon de me le rappeler?

— Parce que ce matin, à la première heure, j'ai reçu un coup de téléphone de Colton-on-the-sea.

— De Colton-on-the-sea?

— Qui est en révolution parce qu'hier soir on a trouvé un de nos billets d'une livre.

— Ce n'est pas possible!

— Malheureusement si! Et la police de Plymouth est déjà prévenue. Il est à parier qu'elle va se remuer.

— Et vous croyez que c'est...

— ... vous? Parfaitement.

— Je vous jure, Danny, que je n'ai pas sorti un seul des billets que je possède ou mieux que je possédais et que je dois vous remettre tout à l'heure.

— Etrange coïncidence, ne pensez-vous pas? Vous vous rendez hier à Colton-on-the-sea et le soir même un faux billet est en circulation.

— Je ne comprends pas.

Il était visible qu'effectivement, Bert n'y comprenait rien du tout.

— Et devineriez-vous où on l'a trouvé ce billet? Dans le tronc de l'église!

— Je vous donne ma parole que je ne m'y suis pas rendu!

— Vous, non, j'en suis persuadé, mais Doris?

— Vous pensez que c'est Doris qui...?

— J'en suis convaincu, Bert, car figurez-vous que cette sotte, pour boire un coca-cola dans un distributeur automatique, a demandé la monnaie d'une livre fausse à un passant.

— La garce!

— Heureusement, ce passant était notre fournisseur. Le hasard a travaillé pour nous. Ainsi il a su qui était Doris et c'est lui qui a téléphoné ce matin. Inutile, n'est-ce pas, de préciser qu'il n'est pas très content.

— Elle m'a volé, la garce! Je la tuerai!

Ce serait stupide. Elle ne se doute de rien. N'allez pas attirer son attention. Ce qui est fait est fait, nous n'y pouvons rien. Assurez-vous qu'elle n'a pas d'autres fausses livres et passez l'éponge. Surtout agissez de telle façon qu'elle ne puisse soupçonner notre trafic. Dans le cas contraire, ce serait une catastrophe. La tuer n'arrangerait rien, au contraire! Un meurtre n'a jamais résolu aucun problème, surtout le meurtre d'une femme mariée.

— C'est vrai que je l'ai épousée! Quel idiot j'ai été!

— Pas du tout. Vous pourrez ainsi la surveiller mieux. Imaginez que vous l'ayez chassée? Quel péril ce serait pour nous tous et si l'on trouvait son cadavre, le premier soin des policiers serait de s'intéresser à vous. Non, écoutez-moi, Bert, l'innocence de Doris est ce qui nous protège le plus sûrement à l'heure actuelle. Mais il faudra vous racheter, Bert. Attendez-vous à une amende sérieuse. Vous ne pouvez espérer moins et soyez prudent, très prudent, car il y a des chances pour que l'inspecteur Filton essaie de renifler nos chausses... Je vous souhaite bonne chance. Vous m'excuserez de ne pas assister à votre repas de noces, mais c'est pour nous que je travaillerai pendant ce temps, en essayant de calmer la colère des autres. Encore une fois, je vous recommande de ne pas mettre la puce à l'oreille de Doris. N'oubliez pas qu'elle a rencontré notre fournisseur. Ce type n'admettrait pas d'être mis en danger par elle et... par vous. Encore un faux pas et je ne pourrai plus rien pour vous. Nous jouons, tous, un jeu trop dangereux pour nous laisser émouvoir par quoi que ce soit.

— Je sais.

— Alors, ne l'oubliez pas.

*
* *

Lorsque Bert la rejoignit dans leur chambre, Doris avait définitivement bouclé les valises. Elle se jeta au cou de son mari qui la repoussa assez brutalement pour qu'elle s'en fut, à reculons, s'asseoir sur le lit.

— Qu'est-ce qu'il vous arrive?

Sans répondre, il s'empara de son sac et en vida le contenu sur la table. Elle le regardait, stupéfaite.

— Bert! Vous cherchez quelque chose?

— Vous n'auriez pas la monnaie de cinq livres?

Elle manqua répondre que oui mais se retint une fois encore et se félicita d'avoir dissimulé les quelques livres chipées à Mullion dans son soutien-gorge. Elle prit un air innocent :

— Vous savez bien que je n'ai pas d'argent.

Il se contraignait et devait se remémorer sans cesse les conseils de Stepney pour ne pas lui sauter dessus et lui flanquer la correction qu'elle méritait. Mais, d'autre part, il ne pouvait arriver au repas de noces avec une épouse couverte d'ecchymoses et les yeux pochés. Il se contint et dit rageusement :

— Ça va. Vous êtes prête?

— Pas encore.

— Qu'est-ce qu'il vous manque?

— Un baiser. Notre premier baiser de jeunes mariés.

Et mutine, fermant les yeux, elle avança vers lui un visage aux lèvres prometteuses. Alors, ce fut plus fort que lui et il lui administra une paire de gifles dont on dut entendre l'écho jusque sur le port. Elle en resta si parfaitement abasourdie qu'elle ne songea même pas à crier. Sans lui laisser le temps de recouvrer ses esprits, Mullion l'empoigna brutalement par le bras.

— Filons, nos amis doivent nous attendre!

Dans la rue, elle marchait comme une somnambule. Jamais elle n'aurait pensé qu'un mariage débutait de cette façon...

***

Débarrassé du paquet de faux billets remis à Stepney et goûtant les joies sereines d'une digestion heureuse, Bert conduisait sa voiture sur la route de Colton-on-the-sea. Il avait oublié sa grande colère et la folle angoisse le tenaillant lorsqu'il sortait du *Pirate borgne,* pour ne plus penser qu'à des lendemains heureux. Doris, elle-même, ne se souciait plus de l'extraordinaire paire de gifles encaissée en prologue au repas de noces. Elle aussi, admettant que les hommes nourrissent parfois des manies bizarres, elle ne voulait penser qu'à sa future existence de commerçante ayant pignon sur rue. Elle était tellement loin de se douter de quoi que ce soit qu'elle avait remis les livres dérobées dans son sac, jugeant que désormais il n'y avait plus de vol possible entre Bert et elle puisqu'ils étaient mari et femme.

Au *Renard rouge,* Frank Andrews les attendait. Ensemble, ils se rendirent chez maître Groley qui habitait en dehors du bourg, la dernière maison du pays en compagnie de son épouse, la belle Beryl, une blonde opulente dont la cinquantaine proche n'éteignait en rien les ardeurs amoureuses qu'elle réservait à d'autres qu'à son mari, ce qui suscitait bien des commentaires égrillards ou haineux, selon qu'ils étaient proférés par les citoyens ou par les citoyennes de Colton-on-the-sea.

Le trio passa devant la villa de style colonial habitée par le colonel Hilary Clough — un officier à la retraite — sa fille Jill et son fils Perry. Puis il longea l'entrée de la propriété où la comtesse Pamela Polgate, consumait un veuvage difficilement supporté avec, pour toute relation, sa fille, la douce Tessa, dont les dix-huit ans rêveurs aimaient à se promener au bord du promontoire rocheux limitant la propriété en dominant la mer, et une servante sans âge, Elisabeth.

Geoffrey Groley reçut ses clients avec cette

hargne perpétuelle le caractérisant, mais à laquelle les autochtones étaient faits. Le notaire tenta cependant de grands efforts pour se montrer plus aimable que de coutume par suite de la présence de Doris. Après que ses visiteurs se fussent installés, le maître des lieux commença la lecture du contrat.

*
* *

Ambrose Thorps buvait son café lorsque l'inspecteur Filton se présenta à lui. Dès qu'elle connut l'identité de leur visiteur, Mildred Thorps s'empressa. Elle espérait — contre toute espérance — que les autorités de Plymouth apprécieraient un peu les qualités d'Ambrose et nommeraient celui-ci dans la grand-ville. Il est vrai qu'elle s'interrogeait, dans ses moments de lucidité, sur les qualités de son mari et devait s'avouer incapable d'en citer une seule. Quoi qu'il en soit, la presence de l'inspecteur signifiait qu'on prenait le rapport d'Ambrose au sérieux. Mildred se gonflait de vanité à l'idée qu'elle participait à une enquête de cette importance, au moins en qualité de témoin. Mais elle dut vite déchanter car Filton mit tout de suite les choses au point :

— Vous vous doutez de la raison de ma venue, n'est-ce pas, Thorps?

— Bien sûr, monsieur l'inspecteur, bien sûr... cette histoire d'un faux billet, mais pour ma part, je crois...

— Cela ne vous génerait pas que nous discutions de l'affaire ailleurs qu'ici?

Mildred se mordit les lèvres de dépit et Thorps, après un coup d'œil gêné à son épouse, reconnut qu'on pourrait se rendre au bureau de police situé à côté.

— Eh bien! allons-y!

Quand ils furent au bureau, Filton déclara sèchement :

— Vous m'excuserez auprès de Mrs. Thorps mais je n'aime pas que les femmes mettent le nez dans nos travaux. Alors, que savez-vous de ce faux billet? D'abord l'avez-vous?

— Le voilà.

Ambrose sortit la fausse bank-note d'un tiroir et la tendit à Filton qui s'en empara et l'examina par transparence.

— Travail grossier... Des livres d'exportation, je m'en doutais. Racontez-moi comment et où, on l'a trouvée.

Le constable s'efforça d'enjoliver un peu les choses, mais c'était tellement simple qu'il ne put parvenir à créer le moindre effet.

— Est-ce que vous avez déjà entendu parler de faux billets dans la région?

— Jamais.

— Pas de nouveaux venus à Colton-on-the-sea, ces temps derniers? Pas de villégiateurs?

— Ce n'est pas la saison... Ah! si, il y a les nouveaux propriétaires du *Renard Rouge*... Il est vrai que ce n'est qu'aujourd'hui qu'ils ont signé l'acte de vente chez maître Groley... Tenez, ils doivent s'y trouver en ce moment.

— Il y a longtemps qu'ils sont dans le pays?

— On les a vus hier pour la première fois.

— Et ils achètent aujourd'hui, curieux, non?

— Je crois que c'est une affaire qui a été traitée par d'autres.

— Vous connaissez le nom de l'acquéreur?

— Bert Mullion.

— Bert Mullion... par exemple!

— C'est un de vos amis?

Pour la première fois depuis le début de leur entretien, Filton daigna sourire.

— Ce n'est pas exactement le terme que j'emploierais. Il est marié ce Mullion?

— Oui, avec une jeune femme charmante et tout à fait sans façon.

***

La jeune femme que Thorps trouvait charmante et sans façon, rougissait de plaisir en apposant sa signature au bas de l'acte de vente. Timide, elle s'enquit :

— Pourquoi je signe?

— Mais, parce que vous êtes Mrs. Mullion et donc, désormais, co-propriétaire avec votre mari du *Renard rouge*. Si jamais votre époux venait à décéder, vous pourriez garder l'auberge.

La perspective ne parut pas déplaire à Doris. Bert semblait moins enchanté et Mrs. Mullion qui s'en aperçut crut arranger les choses en déclarant tendrement :

— Je ne suis pas pressée, vous savez, darling.

Et Mullion se demanda si elle était complètement stupide ou si elle le faisait exprès.

***

Laissant son mari procéder avec Frank Andrews à un ultime inventaire, Doris avait quitté l'auberge pour se promener un peu dans le bourg qu'elle voyait avec des yeux nouveaux. Maintenant, elle était Mrs. Mullion, co-propriétaire de l'auberge du pays. A cette idée, elle se sentait gonflée d'une importance nouvelle et ricanait intérieurement en pensant à tous ceux qui la prenaient pour une imbécile. Depuis sa venue en ce monde ou presque on la réputait d'intelligence courte, voire demeurée. Eh bien! pour une idiote, elle ne se débrouillait pas si mal que cela! Ses camarades, soi-disant plus malignes qu'elle, resteraient filles de ferme ou serveuses de restaurant tandis que Doris, si elle le voulait, pourrait les engager pour être sous ses ordres. Ah! la belle revanche!

Doris ne se rendait absolument pas compte des aspérités du chemin communal. Elle paraissait se déplacer sur un nuage. Elle se persuadait que nulle femme au monde ne pouvait rivaliser avec elle dans le domaine de la réussite. Et il fallut que l'inspecteur Filton prononce son nom par deux fois, presque à ses oreilles, pour qu'elle condescendit à revenir sur terre et contempler son interlocuteur, comme le rêveur arraché au sommeil et qui ne parvient pas à se remettre tout de suite dans le cours de la réalité.

— Doris Tully! Pour une surprise, c'est une surprise!

Doris se rappelait parfaitement le policier devant lequel elle dut comparaître un jour, pour une histoire de vol à la tire dans laquelle elle n'était strictement pour rien. Ce jour-là Filton avait pris sa défense, apitoyé par la naïveté de cette pauvre gosse. La jeune femme se redressa :

— Il n'y a plus de Doris Tully, inspecteur! Je me suis mariée et je suis bougrement mieux comme ça!

Sous ses dehors un peu médiocres, Filton

s'avouait un excellent homme et son expérience lui enseignait que des filles comme Doris étaient essentiellement des victimes. Il fut sincèrement content de cette bonne nouvelle.

— Je suis heureux pour vous, mon petit... très heureux aussi de constater que je ne m'étais pas trompé sur votre compte.

Remuée, elle l'embrassa sur les deux joues avant que l'inspecteur ait pu esquisser le moindre geste pour se défendre contre ces effusions publiques. En veine de générosité, Doris ajouta :

— Je vous invite, tout à l'heure, à boire un verre au *Renard rouge!*

— Voyons, mon petit, je pensais que vous aviez perdu vos mauvaises habitudes? Croyez-vous que l'auberge soit la place d'une femme mariée?

Elle rit ainsi qu'une gosse à l'idée de la surprise qu'elle s'apprêtait à lui faire.

— Bien sûr, inspecteur, quand cette femme mariée est chez elle à l'auberge!

Filton se cabra et changea de ton.

— Qu'entendez-vous par là?

— Que vous avez devant vous, Mrs. Bert Mullion, co-propriétaire du *Renard rouge*! Qu'est-ce que vous dites de ça?

— Ainsi, vous êtes devenue la femme de Bert Mullion? Et vous en êtes très fière?

— Assez, oui. Notez, inspecteur, que c'est pas tellement pour Bert mais surtout pour le *Renard rouge*.

A son tour il sourit devant cet innocent cynisme tandis que son interlocutrice poursuivait :

— Avouez que le ciel a été gentil avec moi, hein?

Un déclic se fit dans l'esprit de Filton :

— Et pour remercier le ciel vous avez glissé un billet d'une livre dans le tronc de l'église, hier?

Elle le regarda avec des yeux ronds.

— Ça, alors! Comment le savez-vous?

— Et un beau billet tout neuf! Si je vous avais vue avant, je vous l'aurais échangé contre un vieux... Le Seigneur ne doit pas se soucier de l'état des offrandes tandis que moi, j'ai la passion des billets neufs... et je n'en trouve pour ainsi dire jamais!

Mrs. Mullion eut un clin d'œil complice à l'égard de Filton :

— Eh bien! vous, alors, vous pouvez vous vanter d'avoir eu de la chance de me rencontrer!

C'était également l'opinion du policier, mais il se garda soigneusement de le manifester.

— ... J'en ai encore quatre de billets neufs et je vous les donne! Vous ne prétendrez pas que je ne suis pas la plus chic des filles, hein?

Filton éprouvait une espèce de gêne devant tant de simplicité mais cela ne l'empêcha nullement d'empocher les autres faux billets. Jamais il n'aurait réglé aussi vite une affaire aussi grave et, non sans un brin de vanité, il songea à son retour à Plymouth.

— Vous n'imaginez pas le plaisir que vous me faites, Mrs. Mullion...

— Oh! ça va... seulement, si vous rencontrez Bert, ne lui parlez pas de ces billets parce que pour rien vous cacher, c'est dans son portefeuille que je les ai chipés...

— Je vous le promets. De votre côté, Mrs. Mullion, inutile de raconter à votre mari que nous nous sommes vus parce que, pour votre gouverne, j'ai eu à m'occuper de lui pour des peccadilles et il ne doit pas me porter dans son cœur.

— C'est juré! Adieu, inspecteur...

— Au revoir, Mrs. Mullion.

La regardant s'éloigner de lui, vive, légère, Filton se promit d'écarter d'elle tout soupçon lorsque Bert Mullion serait jugé pour avoir voulu concurrencer la Banque d'Angleterre. Il est vrai qu'il ne pouvait être autre chose qu'un comparse de toute petite envergure dans ce trafic, mais lorsqu'on le tiendrait dans les locaux de la police de Plymouth, il serait bien obligé de parler. Au besoin, on l'y contraindrait. Une jolie rafle en perspective.

Tout guilleret, Filton retourna chez Ambrose Thorps. Son air d'intense jubilation ne put échapper au constable.

— Du nouveau, monsieur l'inspecteur?

— L'affaire est pratiquement terminée, mon vieux.

Cette familiarité soudaine persuada Ambrose mieux que n'importe quelle démonstration.

— Je suis à vos ordres!

— Non, j'agirai seul et dans la plus grande discrétion pour le renom de votre patelin.

*
* *

Pour fêter ses débuts au *Renard rouge,* Bert Mullion avait fait dire partout que les habitués de l'auberge boiraient une tournée ou deux à ses frais. A six heures l'établissement était bourré. A une table, le notaire bavardait avec le docteur Sam Buckler dont la popularité, énorme dans tout le comté, tenait autant à son dévouement qu'à sa force physique sans rivale dans toutes les villes, bourgs et villages du Devon. De bouche à oreille, on colportait des histoires où le médecin jouait les Hercule. La légende venait au secours de la vérité pour la mettre hors de l'atteinte de toute comparaison. Ses amis disaient du docteur Buckler qu'il méritait plus encore de passer à la postérité pour sa haine profonde, obstinée, de l'Ecosse et des Ecossais et tout cela parce qu'il avait épousé une fille de Perth qui lui avait croqué toutes ses économies avant de le laisser tomber. Il suffisait de vanter un quelconque exploit ayant un Ecossais pour auteur et d'un coup Buckler entrait dans une fureur quasi démentielle. A plusieurs reprises, il avait été poursuivi pour coups et blessures au préjudice de paisibles citoyens s'arrêtant, pour leur disgrâce, à Colton-on-the-sea et qui n'avaient d'autre péché sur la conscience que d'avoir vu le jour au-delà de Newcastle.

Le colonel Hilary Clough trinquait avec l'ancien propriétaire du *Renard rouge* et tournait le dos à la table du notaire car ces deux notabilités de Colton-on-the-sea ne pouvaient se souffrir, sans qu'on n'ait jamais bien su le vrai motif de leur mutuelle aversion, quoique les commères du pays affirmassent que Beryl Groley — la femme du notaire — avait des faiblesses pour l'officier retraité. Ces deux hommes s'opposant en tout ne se retrouvaient que sur un point : leur commune aversion pour la comtesse Polgate, aversion que la châtelaine rendait avec usure à l'un et à l'autre. Bert s'affairait au comptoir, remplissant les chopes, versant le whisky ou le gin, échangeant un mot aimable avec celui-ci ou celui-là, tandis que

Doris ondulait parmi les clients dont certains la regardaient avec une convoitise non dissimulée et, parmi eux, le colonel, dont l'âge ne parvenait pas à tempérer les ardeurs du sous-lieutenant qu'il avait été.

Mullion rinçait des verres lorsque l'inspecteur Filton entra au *Renard rouge.* Aussitôt, il se rappela les avertissements de Danny Stepney et s'apprêta à lutter. En même temps qu'il prenait cette ferme résolution, il ne put s'empêcher de jeter un regard de haine en direction de cette idiote de Doris, à qui il serait redevable de ce qui allait suivre.

L'inspecteur s'approcha du comptoir et s'y accouda. Ne pouvant agir autrement, Bert s'enquit sèchement de ce qu'il désirait. Filton sourit :

— Vous n'êtes pas tellement aimable pour une vieille connaissance, Mullion, hein?

Bert prit l'attitude de l'innocent injustement soupçonné, mais obligé de parler à mi-voix pour ne point attirer l'attention, de sorte que sa démonstration en perdait un peu de son pouvoir convaincant.

— Ecoutez, inspecteur, j'ai commis des sottises autrefois, c'est entendu, mais j'ai payé, n'est-ce pas? A présent, je me suis acheté une conduite. Me voilà établi, marié. Alors, si vous me fichiez la paix, hein?

— Bert, mon garçon, vous avez manqué votre voie : vous auriez dû être comédien. Et maintenant, trouvez-nous vite un coin tranquille où nous puissions bavarder un instant comme deux bons amis qui se retrouvent.

Mullion eut un ricanement plein d'amertume

— Deux bons amis.

Il haussa les épaules, écœuré.

— C'est à vous dégoûter d'être honnête!

— N'employez donc pas de mots dont vous ne comprenez pas le sens!

Bert étouffa un juron et appela Doris qui feignit de ne pas reconnaître l'inspecteur.

— Occupez-vous un instant de la clientèle, darling, j'ai une affaire avec ce gentleman. Je monte dans mon bureau et surtout qu'on ne nous dérange pas.

La jeune femme voulut jouer la difficulté.

— D'accord, Bertie, mais vous ne me présentez pas monsieur?

— Ce n'est pas une fréquentation pour vous!

Alors que les deux hommes s'éloignaient discrètement, leur départ fut remarqué par quelqu'un qui happa Doris au passage.

— Il me semble que j'ai déjà vu ce type quelque part?

— Quel type?

— Celui qui se défile avec votre mari?

La nouvelle patronne se pencha, mutine, vers le consommateur.

— Ça m'étonnerait que vous le connaissiez. C'est un flic!

— Non?

— Si! Et ce qu'il y a de plus marrant c'est que Bert se figure que j'ignore sa profession, alors que c'est à cause de moi qu'il se trouve là!

Pendant que son épouse vendait la mèche à un homme sympathique, Bertie — un peu inquiet tout de même — introduisait Filton dans une pièce que Mullion entendait se réserver pour recevoir les émissaires de Plymouth, le cas échéant.

— Qu'est-ce que vous me voulez au juste, inspecteur?

— Simplement vous montrer ceci.

Filton sortit de sa poche les quatre billets d'une livre remis par Doris. A la vue des banknotes Mullion pâlit.

— Tenez, prenez-en un?

— Pour quoi faire?

— Pour l'examiner.

— Pour quelles raisons? Vous craignez qu'elles soient fausses?

— Oh! non, je sais parfaitement qu'elles sont fausses.

— Et alors? En quoi ça me regarde? Qu'attendez-vous de moi?

— Que vous me disiez de qui vous les tenez.

— Vous êtes fou?

— Pas le moins du monde, Bert Mullion. Vous êtes cuit, mon vieux. C'est bien dommage pour vous mais il va falloir quitter le *Renard rouge* pour passer quelques tristes années à Dartmoor. La justice ne plaisante pas avec les faux-monnayeurs.

— Vous essayez de me mettre dans le coup, n'est-ce pas?

— Même pas, car dans le coup vous vous y trouvez de votre chef.

— Je voudrais bien savoir comment, par exemple!

— Parce que ces billets, Bert Mullion, c'est votre femme qui me les a remis.

Mullion ne put retenir un gémissement et Filton feignit de s'apitoyer.

— Eh oui! c'est navrant d'être trahi par son

épouse, surtout qu'elle a agi de la meilleure foi du monde et ignorant, selon toute vraisemblance, vos coupables activités. Elle m'a avoué, spontanément, que ces billets, elle les avait pris dans votre portefeuille et aussi la livre qu'elle a déposée, hier, dans le tronc de l'église. Vous voyez que vous êtes cuit, Mullion?

Mais celui-ci ne répondait pas! Il semblait même ne pas avoir écouté, hypnotisé par la porte qui s'entrebâillait doucement. Filton réalisa trop tard : il se retourna d'un bloc et prit la balle en pleine figure. Il tomba à la renverse sur Bert qui, paralysé par la peur, ne bougeait plus. Le tueur entra sans bruit et referma doucement la porte derrière lui.

— J'ai l'impression que je suis arrivé à temps, hein? Déposez-le donc sur le plancher. Inutile de tacher vos vêtements.

Pendant que Mullion s'exécutait, le meurtrier enlevait soigneusement le silencieux fixé au canon de son arme et le glissait dans sa poche.

— Anthony Filton ne se mêlera plus de nos petites affaires. Que le diable ait son âme de fouinard!

Bert comprit qu'il se trouvait en présence du faux-monnayeur. Il balbutia :

— Alors... c'est vous... qui...

— C'est moi qui, en effet. Essayez de l'oublier le plus vite possible.

— Je vous en donne ma parole! Mais, lui, qu'est-ce que j'en fais?

— Enveloppez-le dans quelque chose que nous pourrons brûler. Je reviendrai cette nuit vers une heure et nous l'emporterons. D'accord?

— D'accord.

— Et surtout ne parlez pas de tout cela à personne, pas même à votre femme.

Mullion crispa les poings.

— Celle-là, elle ne perd rien pour attendre!

*
* *

Après dîner, Ambrose Thorps s'ouvrit à sa femme, Mildred, de son étonnement de n'avoir pas revu l'inspecteur Filton, d'autant plus que ce dernier lui avait déclaré être sur le point de résoudre l'affaire. Mrs. Thorps qui ne pouvait plus souffrir le policier de Plymouth depuis l'affront subi, s'emporta :

— Et qu'est-ce que vous croyez, pauvre sot? Il vous a bluffé pour épater un pauvre flic de province, un point c'est tout! Il a dû rentrer chez lui et demain il rédigera un rapport affirmant que sur le peu d'indices recueillis, il est pratiquement impossible de poursuivre l'enquête. Vous devrez vous estimer encore heureux s'il n'accuse pas notre nullité, votre négligence, pour justifier son échec!

Pas très convaincu, Ambrose secoua la tête :

— Tout de même, il avait l'air de quelqu'un de bien...

Mildred ricana :

— Vous avez toujours manqué de flair pour juger les gens!

— C'est vrai.

Il n'ajouta pas que sans ce manque de flair, il aurait deviné jadis que la gentille blonde qu'il courtisait deviendrait cette grande haridelle hargneuse. Il se leva.

— Je vais voir ce qu'il se passe dans le pays.

— N'en profitez pas pour vous éterniser au *Renard rouge* dont la nouvelle propriétaire me paraît avoir bien mauvais genre!

Ambrose sortit sans répliquer. Mildred trouvait mauvais genre à toutes les femmes plus jolies qu'elle et Dieu sait qu'elles étaient nombreuses!

Au *Renard rouge* l'atmosphère était à la gaieté. Le docteur Buckler se prodiguait dans des exercices de force qui obligeaient l'assistance à béer d'admiration. Comme le constable pénétrait dans la salle, le médecin accroupi sous une table, s'arcboutait, relevait cette dernière aux quatre coins de laquelle quatre hommes étaient assis, pas tellement rassurés et puis avançait de quelques mètres sous les applaudissements des connaisseurs. Thorps profita de ce que nul ne le remarquait pour s'approcher du comptoir et s'entretenir avec Bert.

— Je suis à la recherche d'un inspecteur de Plymouth venu à Colton-on-the-sea pour cette affaire du faux billet d'une livre trouvé dans le tronc de l'église et dont vous avez sûrement déjà entendu parler. Il ne s'est pas montré ici?

— Si. Il a demandé à me parler en particulier et c'est lui qui m'a mis au courant pour ce faux billet. Il voulait savoir si je n'en avais pas encaissé dans la soirée. Je lui ai montré tous ceux qui se trouvaient en ma possession et il m'a rassuré : je n'ai pas été roulé, ils sont tous bons.

— Il ne vous a pas confié, par hasard, où il comptait se rendre?

— Il m'a annoncé qu'il rentrait à Plymouth.

Un peu dépité, Ambrose convint que Mildred avait eu raison. Par acquit de conscience il gagna l'endroit où Filton avait garé sa voiture. Elle n'y était plus. Vexé, il rentra chez lui et se coucha.

***

A minuit et demi, Bert, s'étant assuré que sa femme écrasée par la fatigue de la soirée, dormait à poings fermés, sortit de la chambre pour aller ouvrir au meurtrier de Filton. Celui-ci se présenta à une heure moins le quart, chaussé de pantoufles. Ensemble, ils descendirent le corps enroulé dans une toile cirée et l'emportèrent, en prenant mille précautions. L'auto du tueur était assez loin et lorsque enfin ils purent se débarrasser de leur fardeau en le collant dans la malle arrière, ils poussèrent un double soupir de soulagement. L'assassin prit place au volant.

— Il ne nous reste plus qu'à souhaiter que nous ne rencontrions personne de trop curieux. J'ai emmené la voiture du flic à côté de Mevagissey et suis revenu avec un camion. Nous allons là-bas.

Ils arrivèrent sur les lieux, sans encombre, vers une heure trente. La Rover de Filton stationnait, en dehors de la route, sur un recoin herbeux dominant la mer.

— Dépêchons-nous! Aidez-moi! Allons! Vite!

Ils sortirent le cadavre et l'installèrent dans l'auto.

— Mettez-vous au volant, Bert, et laissez votre portière ouverte. Embrayez et dirigez-vous vers la mer. Je me placerai à deux mètres du bord et vous sauterez en arrivant à ma hauteur.

Mullion ne semblait pas autrement emballé par la tâche proposée.

— Si... si je rate mon coup, je suis bon pour le trou!

— Pourquoi le rateriez-vous? Je ne vous demande pas de foncer. Allez tout doucement au contraire.

— Ah! bon...

Bert s'installa au volant et attendit que son complice eut atteint le point fixé où il devait abandonner la Rover. Sur un signe du meurtrier, il embraya et roula doucement vers l'abîme, les nerfs en boule, les mains crispées sur le volant, la sueur aux tempes. Il ne fallait surtout pas appuyer sur l'accélérateur! Cette recommandation qu'il se répétait tournait tout de suite à la hantise et une envie monstrueuse le prenait d'appuyer sur cet accélérateur. La trentaine de mètres qui le séparait du vide, Bert les parcourut avec une extrême lenteur. Quand enfin, il vit la terre remplacée par cette ombre laiteuse d'où montait le grondement du ressac, il se dressa, se tourna vers le meurtrier de Filton qui, lui sembla-t-il, tendait les bras. Ce ne fut qu'à l'instant où il s'apprêtait à sauter que l'autre le frappa violemment en plein visage avec une pierre qu'il tenait dans la main droite. Assommé, Mullion retomba en arrière. Brusquement dans son esprit embrumé, une voix hurla : Attention! la chute! Il se cramponna au dossier pour se relever mais déjà l'avant de la Rover plongeait dans le trou.

Le tueur écouta le plouf lointain et se frotta les mains. Demain, il téléphonerait à Plymouth pour leur apprendre à quoi il avait été contraint. Ils comprendraient sûrement. Il attendit d'avoir regagné sa propre voiture pour allumer une cigarette.

CHAPITRE II

Si la disparition de Filton inquiéta la police de Plymouth, celle de Mullion ne préoccupa pas autrement sa femme, d'autant plus qu'un coup de téléphone de Stepney l'avertit de se tenir sur ses gardes et de se préparer à une mauvaise nouvelle en ce qui concernait son époux. L'inspecteur Robyn Donagh fut dépêché à Colton-on-the-sea pour tenter de savoir ce qu'il était advenu de son collègue. Mais Ambrose Thorps ne put que lui dire le peu qu'il savait et qu'il tenait d'ailleurs du patron du *Renard Rouge*, lui-même disparu. Interrogée, Doris ne fit aucune difficulté pour révéler qu'elle connaissait bien Filton, à l'amitié duquel elle devait de n'avoir pas été inquiétée lors d'une histoire ancienne où l'on essayait de la compromettre. Elle pensait que son mari n'ignorait pas l'identité de l'inspecteur venu le visiter, mais Bert ne lui avait pas touché un mot de cette rencontre. Le soir de l'ouverture de l'auberge sous leur direction, à Mullion et à elle, elle s'était endormie d'un coup. A son réveil, Bert ne se trouvait plus dans la chambre et elle ne l'avait jamais revu depuis.

A Colton-on-the-sea, les langues marchaient bon

train mais personne n'était capable de fournir le moindre indice susceptible de mettre sur le chemin d'une explication. Tout ce que la police avait appris du constable c'est que Filton estimait avoir résolu l'affaire du faux billet. Cette conviction se trouvait-elle à l'origine de son malheur? (Car à Plymouth, on ne doutait plus de la mort de l'inspecteur.) Pourquoi s'était-il rendu au *Renard Rouge* après son bref entretien avec Thorps? Fallait-il en déduire que Bert Mullion trempait dans l'histoire? On perquisitionna soigneusement au *Renard Rouge* sans le moindre résultat. En dépit de leur discrétion, les policiers furent repérés et tout de suite, Colton-on-the-sea se scinda en deux clans rivaux : les femmes se dressaient presque toutes contre Doris Mullion qu'elles soupçonnaient du meurtre de son mari en vue d'hériter le *Renard Rouge*, les hommes, au contraire, prenaient le parti de celle qu'ils tenaient déjà pour la plus appétissante veuve qu'ils aient jamais connue. Les deux clans ne se rencontraient que sur un point : leur certitude de la disparition définitive de Bert Mullion, disparition qui laissait tout le monde indifférent.

Huit jours après ce lundi que les habitants de Colton-on-the-sea ne devaient jamais oublier, des pêcheurs découvrirent le corps de Bert Mullion. Trois jours plus tard, ce fut au tour de la dépouille de l'inspecteur Filton d'être ramenée parmi les hommes. Les médecins légistes se penchèrent sur ces cadavres en piteux état. Si la cause de la mort du policier ne faisait aucun doute, on réalisait moins la raison première du décès de Mullion. Il portait des ecchymoses sérieuses à la face mais avaient-elles été faites ante ou post mortem?

Fallait-il y voir l'œuvre d'un meurtrier ou le travail du ressac sur les rochers de la côte? On finit, en suivant ladite côte dans l'espoir d'un indice, par repérer l'épave de la voiture ayant servi de cercueil provisoire à l'inspecteur et à son prisonnier. Cela n'apprit rien à personne et les experts ayant constaté que la première vitesse était enclenchée, il fallait admettre que c'était volontairement que le conducteur avait dirigé la Rover vers la mer. Pourquoi ce suicide de Mullion, étant entendu que Filton était déjà mort au moment de la chute? En bref, personne n'y comprenait rien du tout.

A Colton-on-the-sea, Mullion fut enterré dans le petit cimetière et le pasteur Wool profita de l'occasion pour appeler l'attention de ses fidèles sur la précarité de nos espérances. Il ne fallait pas s'interroger sur la justice de Dieu qui nous échappera toujours. Nous devons nous résigner et prier parce que cette existence ici-bas n'est rien, comparée à ce qui nous attend de l'autre côté du seuil d'ombre qu'il nous incombera, à tous, de franchir lorsque notre heure sonnera.

Doris écouta en pleurant. Les dames de Colton virent dans ces larmes la marque indiscutable d'une hypocrisie bien définie. Les hommes jugèrent que le chagrin embellissait la jeune veuve et chacun se sentit le besoin impérieux de la protéger.

Le chagrin de Doris apparut de courte durée surtout lorsque Geoffrey Groley lui dit que le *Renard Rouge* lui appartenait à condition de verser une somme légère au fisc, somme qu'il se ferait un plaisir de lui avancer moyennant un honnête intérêt.

L'inspecteur Donagh passa une semaine encore

à Colton-on-the-sea et ne se trouva pas plus avancé qu'à son arrivée. A Plymouth, on décida alors de faire appel au Yard. Le *Renard Rouge* ouvrit de nouveau ses portes, Doris engagea une forte commère pour l'aider et, très vite, on ne parla plus du double meurtre pour axer toutes les conversations sur la très prochaine exposition ovine, où l'on devait recevoir des exposants de tous les coins de la Grande Bretagne.

Une huitaine avant l'ouverture de ce concours agricole, Doris Mullion se rendit chez le pasteur Wool. Elle y fut reçue par Harriet, l'épouse du Clergyman, qui se montra des plus froides, voire revêche. Sans la prier d'entrer, elle s'enquit d'un ton hargneux :

— Qu'est-ce que vous désirez?

— Parler au Révérend.

— A quel sujet?

— C'est personnel.

— Voyez-vous ça! Et vous vous imaginez que je vous permettrai d'embobeliner mon mari comme vous avez embobeliné tous ces imbéciles qui fréquentent chez vous?

Attiré par l'éclat des voix, le pasteur se montra.

— Eh bien! Harriet, que se passe-t-il?

— C'est cette femme qui ose prétendre...

— Prétendre?

— Vous... vous parler en particulier!

— Et alors?

— Mais voyons, Arthur, cette femme est la tenancière du *Renard Rouge*.

Sans répondre à sa femme, Wool adressa un sourire à Doris.

— Entrez, je vous en prie, Mrs. Mullion.

Pendant que la veuve de Bert le dépassait, le pasteur dit sèchement à sa femme :

— Décidément, Harriet, vous êtes mon plus parfait échec.

Mrs. Wool rougit jusqu'aux yeux et son aversion pour Doris, de ce moment-là se mua en haine aveugle.

Dans son bureau assez misérable, Wool pria Mrs. Mullion de prendre place sur l'unique chaise.

— Que puis-je pour vous, Mrs. Mullion?

— C'est difficile à expliquer...

— Prenez votre temps et n'oubliez pas que je puis tout entendre.

Loin d'avoir une faute à avouer, Doris venait proposer au révérend d'organiser quelque chose pour venir en aide à l'église. Elle pensait que le temps étant au beau, on pourrait dresser un buffet sur le champ réservé au concours ovin. Le prix des consommations serait versé au pasteur et pour faire moins de dépenses, donc pour assurer plus de gains encore à l'église, les notables de Colton-on-the-sea devraient se muer en serveurs et serveuses. Leur position dans la société leur permettrait, par jeu, de réclamer d'importants pourboires qui iraient grossir le pieux pécule. Wool fut enthousiasmé par la proposition et se fit fort d'obtenir la participation des Clough, des Groley, voire des Polgate qui ne voudraient pas demeurer en reste de générosité.

Lorsque le révérend eut raccompagné Doris jusque sur son seuil, il appela sa femme et lui déclara sévèrement :

Harriet, à votre place, je monterais dans ma chambre et je prierais de toutes mes forces pour que le Seigneur me pardonne ma méchanceté à l'égard de Mrs. Mullion qui, si vous voulez mon avis, se montre d'ores et déjà comme la meilleure chrétienne de Colton-on-the-sea!

Rageuse, Mrs. Wool lança :

— Pourquoi pas une sainte, pendant que vous y êtes?

— Qui peut le savoir?

Mildred Thorps qui, de sa fenêtre, avait vu Doris entrer chez le pasteur ne put se tenir de confier à Ambrose :

— Je me demande ce que cette intrigante va faire chez les Wool?

— Pourquoi l'appelez-vous « intrigante », Mildred?

— Oh! je vous en prie, Ambrose! n'oubliez pas, bien que ce soit vous le policier, je possède plus de flair que vous!

— Je m'en souviens, en effet, vu la façon dont vous avez jugé l'absence de l'inspecteur Filton. Alors, si vous souhaitez connaître mon avis au sujet de votre flair, Mildred, vous en avez à peu près autant qu'une vieille table bancale.

— Oh!!!

La mort d'Anthony Filton avait beaucoup frappé le constable Thorps et il se persuadait que si Mildred ne l'avait pas intoxiqué par ses remarques malveillantes à l'égard de Filton, peut-être aurait-il poursuivi plus âprement son enquête sur l'absence, aussi soudaine qu'insolite, du policier et aurait-il pu le sauver.

***

Au *Pirate borgne*, on s'efforçait de ne point bouger sachant que la police de Plymouth n'attendait qu'une occasion pour foncer sur Stepney et ses amis. Danny avait été longuement interrogé à propos de ses rapports avec feu Mullion, mais il s'en était bien sorti, évitant de « mouiller » Doris, qu'il n'ignorait pourtant pas être la cause de tout, parce qu'il tenait ou à remettre la main sur le *Renard Rouge*, ou à obliger la veuve à marcher dans leur combinaison. Stepney attendait que l'attention de la police se relâchât un peu pour s'en aller faire un tour du côté de Colton-on-the-sea et l'exposition ovine lui semblait le moment indiqué pour ce petit voyage, par suite de la foule de visiteurs parmi lesquels il se dissimulerait facilement.

*
* *

Au Yard aussi on établissait des plans. Le superintendent Gerald Smither avait réuni ses principaux adjoints et, pour eux, résumait le problème :

— Il ne semble pas faire de doute que cet inspecteur Filton est mort parce qu'il avait découvert quelque chose d'assez important, à propos du trafic de fausse-monnaie, pour que sa mort ait été décidée. On comprend moins la disparition de Mullion, petit truand sans envergure. Pour moi, il s'agit simplement d'un surcroît de précaution. En allant voir Mullion, Filton le condamnait lui-même. J'imagine — mais je tiens à signaler que ce n'est là qu'une vue de l'esprit — que Mullion dirigeait la Rover de notre collègue vers la mer et qu'au moment de sauter il a été empêché par ses complices qui se sont ainsi débarrassés de lui, comme du cadavre de Filton.

— Qu'est-ce que vous proposez, monsieur, demanda l'un des inspecteurs.

— Un travail tout en finesse, tout en douceur. D'abord laisser Colton-on-the-sea retrouver son calme, après... Après, j'ai mon idée que je vous exposerai en temps utile.

— Alors, pour l'instant, on laisse tomber? s'enquit un autre.

— On donne l'impression de laisser tomber.

*
* *

Les notabilités de Colton-on-the-sea avaient accepté, de plus ou moins bonne grâce, de s'encanailler éphémèrement le jour de l'ouverture du concours, à la seule fin de démontrer leur attachement à l'église. Il fut décidé que la comtesse Polgate tiendrait la caisse, le colonel Clough s'occuperait du bar, la femme du pasteur de la plonge, ce qui la vexa fort. Mais son mari la pria de se rappeler Sarah, l'épouse sans tache, la servante sans défaut, qu'elle serait bien inspirée de prendre pour modèle. Beryl Groley servirait les consommations aux clients attablés avec l'aide de Perry Clough, fils du colonel, sa sœur Jill offrirait des cigarettes et Tessa Polgate des bonbons. Le révérend superviserait l'ensemble. Doris mettrait un soin jaloux à ne se point montrer afin de bien indiquer à tout le monde que le commerce n'avait rien à voir dans cette entreprise charitable.

La veille du jour de l'ouverture du concours ovin, dans la soirée, la salle du *Renard Rouge* était comble. En plus des consommateurs habituels, il y avait la plupart des exposants qui, leurs bêtes en place sous la surveillance de gardiens, venaient se donner un peu de bon temps. Le docteur Buckler n'aurait pour rien au monde manqué une si belle occasion d'affronter des hommes forts et il avait joué à « la main de fer » avec des costauds qui ne le connaissaient pas. De victoire en triomphe, il s'était fait payer à boire mais sur sa carcasse, d'une si exceptionnelle constitution, le whisky paraissait faire autant d'effet qu'un biberon à un nourrisson. Buckler pérorait sur ses succès passés au milieu d'un cercle d'admirateurs anciens et nouveaux, lorsque brusquement, arrivant de l'extérieur, le chant d'une cornemuse arrêta brusquement les conversations. Les uns amusés, intrigués, les autres — ceux qui connaissaient bien le médecin — craignant la réaction de leur ami en entendant cette musique abhorrée. Dans le silence qui régnait sur la salle, tandis que les notes aigrelettes se rapprochaient en une cascade qui devenait mascaret, le médecin frappa sa table d'un formidable coup de poing, jura et cria :

— Quel est le salaud...?

A ce moment la porte s'ouvrit sur un coup de pied et les clients du *Renard Rouge*, ahuris, virent s'encadrer sur le seuil, le plus gigantesque Ecossais qu'ils aient jamais rencontré. Le géant portait le costume traditionnel des Highlands et les couleurs de son tartan le disaient du clan des McGrégor. Il jouait de la cornemuse dont le chant emplit toute l'auberge. Ramassé sur sa chaise, Buckler regardait le nouveau venu avec des yeux exorbités. La dernière note envolée, le colosse sourit et dit le plus simplement :

— Je m'appelle Malcolm McNamara et j'arrive de Tomintoul, dans les Highlands avec les plus beaux moutons qu'on puisse rêver !

Il y eut des rires, quelques applaudissements, un ou deux hurrah! pour l'Ecosse. Mais le médecin se leva, énorme, lui aussi, s'approcha de l'étranger :

— Foutez le camp!

L'Ecossais le regarda, reporta ses yeux sur l'assistance — des yeux d'un bleu vert, nota Doris qui, craignant la bagarre, envoya sa servante discrètement chercher Thorps — et demanda à la cantonade :

— Qu'est-ce qu'il a?

Nul n'osa répondre mais Buckler répliqua :

— Je vous ai dit de foutre le camp, vous, votre damnée musique et votre jupon! On n'aime pas les hommes déguisés en femme, ici!

Des protestations s'élevèrent parmi les étrangers et l'un d'eux déclara au docteur :

— J'ignore qui vous êtes, sir, mais nous sommes dans un pays libre et je ne comprends pas de quel droit vous interdiriez à ce gentleman de boire dans cet établissement sous prétexte qu'il arrive des Highlands? A moins que vous n'ayez une rancune personnelle contre les Ecossais?

Exactement ce qu'il ne fallait pas dire. Buckler jeta férocement à l'interrupteur :

— Et si je vous cassais la figure pour vous apprendre à vous mêler de vos affaires?

Epouvanté, l'autre se tut mais on entendit l'Ecossais dire toujours aussi tranquillement :

— Est-il méchant ou fait-il semblant?

Fou de rage, le médecin se jeta littéralement sur Malcolm, mais fut proprement accueilli en contre par une droite qui l'atteignit à la pointe du menton. Il s'arrêta pile, le regard vitreux, oscilla quelques secondes avant de s'écrouler d'un bloc. Ce fut ce moment que choisit Ambrose Thorps pour apparaître. Afin de se rassurer lui-même, il lança :

— Eh bien! gentlemen que se pas...

Mais les mots expirèrent sur ses lèvres quand il vit Buckler étendu de tout son long. Visiblement il ne parvenait pas à croire au spectacle qui lui était offert. Il balbutia :

— Qu'est-ce... Qu'est-ce qu'il a?

De sa place, le colonel Clough lui répondit :

— Le premier knock-out de sa carrière, Ambrose! Il ne l'a pas volé.

— Et qui...?

Dans le son de sa voix il y avait une incrédulité qui n'échappa à personne, mais il ne poursuivit pas quand il prit conscience de la présence de l'Ecossais. Il gémit :

— Bon sang... Ce n'est pas croyable! Dites donc, sir, c'est vous qui l'avez mis dans cet état?

— Il m'a sauté dessus. Il a bien fallu que je me défende. C'est du moins ce qu'on fait, chez moi, à Tomintoul.

— Où ça?

— A Tomintoul. Le plus joli patelin de toute l'Ecosse.

— Et, avec quoi l'avez-vous frappé?

— Avec quoi? Avec ça...

Le géant mit sous le nez du constable un poing gros comme un petit melon. Ambrose en eut des frissons dans le dos.

— Je... je comprends.

Aimable, l'autre tentait d'expliquer :

— A mon idée, ce gentleman a quelque chose contre les Ecossais.

Alors, Thorps comprit et, dans le fond, il ne

fut pas mécontent car Buckler l'embêtait depuis assez longtemps.

— Et qu'est-ce que vous venez faire à Colton-on-the-sea, sir?

— Présenter les plus beaux moutons de Grande-Bretagne.

— Simplement?

L'Ecossais s'enquit naïvement :

— Ça ne suffit pas?

Thorps ne put décider si cet individu se moquait ou non de lui. Pour son repos, il choisit la négative. Il se gratta la tête.

— L'embêtant, voyez-vous, sir, c'est que je suis dans l'obligation de vous dresser procès-verbal pour coups et blessures.

— Et si vous lui fichiez la paix, Thorps?

Le constable mit un certain temps à réaliser que la voix lui donnant ce conseil lui arrivait d'en-bas. Buckler reprenait ses sens et donnait son avis. On l'aida à se relever. Encore un peu mou sur ses jambes, il s'approcha de l'homme des Highlands.

— Comment avez-vous dit que vous vous appeliez?

— Malcolm McNamara.

— Et moi, Sam Buckler.

Il lui tendit la main que l'Ecossais serra avec conviction sous les acclamations de l'assistance et Thorps soulagé, estima qu'il n'avait plus à se mêler de rien.

— Bon Dieu! — disait le médecin — c'est la première fois de ma vie que j'ai reçu un jeton pareil! J'ai compris... Vous me plaisez, bien que vous soyez Ecossais.

Le géant rit gentiment :

— Vous me plaisez aussi, bien que vous ne soyez pas Ecossais et j'offre une tournée générale!

— Après qu'on aura bu la mienne!

— D'accord! Mais auparavant, vous souffrirez ladies et gentlemen que je vous joue *When the battle is over.*

Au son de la cornemuse, les clients se tinrent par la main et scandèrent le chant guerrier avec des cris dont l'articulation dépendait de leur état d'ébriété. Buckler qui semblait avoir complètement oublié son ressentiment à l'égard des natifs des Highlands n'était pas le dernier dans ce concert. Puis on se mit à boire, si bien qu'en peu de temps la moitié de l'assistance avait sombré dans une torpeur sans limite et, s'aidant l'un l'autre, les clients du *Renard Rouge* regagnèrent leurs demeures ou leurs hôtels en des marches qui défiaient outrageusement toutes les lois de l'équilibre. Groley, le notaire, Hilary Clough, le colonel et Thorps restèrent les derniers avec McNamara et Buckler. Les trois premiers avaient bu de façon modérée, le dernier débordait littéralement de whisky et, effondré sur une table, il semblait incapable du moindre mouvement. Thorps se gratta de nouveau la tête.

— Comment faire pour le ramener chez lui? Il pèse au moins deux cent dix livres!

L'Ecossais sur qui l'alcool paraissait n'avoir aucun effet, se leva et paisiblement annonça :

— Montrez-moi le chemin.

Et sous les regards effarés des ultimes témoins, il prit Sam Buckler dans ses bras comme s'il s'était agi d'un enfançon. Thorps ouvrait la marche et ce singulier cortège que suivaient le notaire et le colonel, furieux d'être obligés de marcher côte à côte mais incapables de résister à la curiosité de savoir si l'Ecossais parviendrait jusqu'au terme de cette promenade nocturne. Il y parvint sans effort apparent et ayant déposé le docteur sur son lit, il se contenta de remarquer.

— J'espère que personne n'aura l'idée de tomber malade cette nuit.

Puis, ayant pris congé de ses hôtes il retourna au *Renard Rouge* où le constable lui dit que c'était un des rares endroits où il pouvait trouver encore à se loger si Mrs. Mullion voulait bien l'accepter en qualité d'hôte.

Lorsque Malcolm demanda à Doris si elle avait une chambre pour lui, elle se troubla comme s'il sollicitait le grand honneur de l'épouser. Elle rougit, pâlit, chevrota, balbutia, hoqueta, bégaya, se reprit, cafouilla et finalement s'avoua dans l'incapacité de prononcer un mot intelligible. Le grand souriait. Doris jugea que c'était là une manière de sourire qui vous permettait de croire à la bonté universelle. Sans savoir pourquoi elle se mit à pleurer, Malcolm posa délicatement son énorme main sur l'épaule de Mrs. Mullion.

— Il ne faut pas.

Et, prenant sa cornemuse, pour elle toute seule, dans cette nuit de Colton-on-the-sea, où les bourgeois dormaient, il joua *Higland Cradle Song.*

***

A sept heures du matin, la patronne, la servante et l'hôte du *Renard Rouge* furent arrachés au sommeil par une avalanche de coups donnés contre le volet de la porte et des hurlements à faire se dresser toutes les pierres tombales du cimetière, tant la puissance des cris était capable d'aller réveiller les morts les plus enfoncés dans leur quiétude. Affolée, Madge, la bonne, passa une robe qu'elle oublia de boutonner et descendit en toute hâte. Lorsqu'elle eut ouvert elle se trouva en présence de Sam Buckler. Elle essaya de l'empêcher d'entrer :

— Mais... mais la maison est fermée!

Le docteur la menaça du doigt.

— N'avez-vous pas honte de mentir à votre âge, Madge? La preuve qu'elle n'est pas fermée votre auberge c'est que je suis à l'intérieur sans m'être laissé aller au moindre bris de clôture!

Ecrasée par ce raisonnement qui lui paraissait d'une logique indiscutable, la bonne femme ne put que demander :

— Qu'est-ce que vous voulez?

— Voir mon copain écossais. Où est-il?

Sans attendre de réponse, il grimpa l'escalier et entra d'un élan dans la chambre de Doris qui était en train de s'habiller et qui poussa un cri affreux.

L'impétueux médecin étendit un bras apaisant.

— Ne vous gênez pas pour moi, ma petite dame, j'ai l'habitude... Où est mon copain!

— Sortez!

— Illogisme typiquement anglo-saxon dû à un puritanisme latent. Si vous répondez à ma question je quitterai cette pièce. Au contraire, en feignant de ne pas m'avoir entendu, vous prolongez ma présence. Feriez-vous des complexes exhibitionnistes Mrs. Mullion?

Attiré par le cri de Doris, McNamara entra à son tour en s'inquiétant de ce qu'il se passait. Si bien que la veuve de Bert Mullion, en chemise, se trouvait avec deux hommes dans sa chambre, spectacle qui faillit faire tourner de l'œil Madge venue aux nouvelles. Mais déjà, Sam ne se souciait plus de Doris et tourné vers l'Ecossais le prenait dans ses bras pour lui donner une accolade matinale.

— Je suis venu vous chercher, mon vieux. L'ouverture du concours n'a lieu que dans trois heures. Je ne supporterai pas qu'un autre que moi vous fasse connaître ce pays! Allez! hop! en route! Bonjour la société! Et n'oubliez pas votre cornemuse, Malcolm! Vous n'êtes pas tellement habillé, hein?

Laissant Madge tapoter les joues de sa maîtresse dans l'espoir de la voir revenir à elle, les deux amis s'en furent. Dehors, l'Ecossais remarqua :

— Vous n'avez pas de visites à faire ce matin?

— Si, deux enquiquineuses. D'abord la femme de Groley, une blonde qui s'ennuie et adore voir les hommes autour d'elle. Puis la fille de Clough, Jill, une snobinette qui m'appelle chaque fois qu'elle a mal dormi ou qu'elle se figure avoir mal dormi. Ce dont elle aurait besoin, c'est d'une bonne fessée et si un jour vous avez l'occasion de la lui octroyer, n'y manquez surtout pas!

Côte à côte, ils remontèrent le chemin en tournant le dos à la gare, parvinrent au carrefour d'où rayonnaient les routes de Plymouth, de Falmouth, le sentier conduisant au port en pente raide, tournèrent à gauche et longèrent l'entrée de la propriété de la comtesse. L'Ecossais déclara qu'à Tomintoul il n'y avait pas de demeure de cette classe. Buckler ricana :

— Ne vous plaignez pas! La comtesse Polgate

est une veuve hargneuse, encore belle et qui ne pardonne pas à sa fille Tessa d'avoir vingt-cinq ans de moins qu'elle! Jamais elle ne permettra à la petite de se marier tant qu'elle sera mineure, et pourtant, la gamine se meurt d'amour pour ce gentil bon à rien de Perry, le fils du colonel. Dans l'attachement de sa fille pour Perry, la comtesse voit une manœuvre d'Hilary Clough en vue de s'approprier une partie de sa fortune par le truchement du mariage. Il faut vous dire qu'elle déteste le colonel qui se permet, malgré toutes les défenses faites, de traverser, chaque matin ou presque, son parc, pour aller chasser la sauvagine dans un petit bois qui lui appartient. Je dois ajouter que cette irascible bonne femme déteste tout aussi cordialement le notaire qu'elle soupçonne de l'avoir volée du temps qu'il s'occupait de ses revenus.

Les deux amis arrivèrent à la porte de maître Groley. Avant de sonner, Buckler annonça :

— Attention, mon vieux! Nous entrons chez Shylock en personne! Groley ne vit que pour l'argent. Il poursuit la comtesse d'une haine farouche depuis qu'elle l'a privé d'une belle source de profits en changeant de conseiller. Ses raisons d'en vouloir au colonel sont plus justifiées car le bruit court que son épouse, la jolie Beryl, avide de porter ailleurs des ardeurs inemployées, serait du dernier bien avec Hilary!

Le docteur Sam Buckler avait une manière bien à lui de procéder à ses visites médicales. Lorsqu'un vieux domestique lui eut ouvert la porte de maître Groley, il l'écarta doucement mais fermement, en annonçant :

Je connais le chemin! Suivez-moi, l'Ecossais!

Devant la porte de Mrs. Groley, le médecin tapa un coup léger et entra dans la pièce tandis que Beryl, couchée, ramenait vivement les draps sur sa poitrine. McNamara étant resté dans le couloir, Sam revint le chercher :

— Vous n'avez quand même pas peur des dames en chemise?

A la vue de l'Ecossais, Beryl Groley crut être la victime d'une hallucination. Etait-il possible qu'il existât des hommes de ce volume? Son étonnement ne lui permit pas de manifester sa réprobation quant à la présence de ces deux colosses semblant se comporter chez elle comme en pays conquis. Très vite, elle prit son parti de l'événement insolite et ne craignit plus de montrer une gorge fort belle après avoir prié McNamara de s'asseoir sur un siège. Quant à Buckler il avait pris place sur le lit pour tâter le pouls de sa malade. Naturellement elle ne souffrait de rien. Simplement, elle voulait être dispensée de paraître au concours et de tenir le rôle que le pasteur lui avait dévolu, mais quand elle sut que ce magnifique Highlander y serait, elle se sentit subitement mieux. Sam à qui le trouble de sa cliente n'échappait pas, pria son nouvel ami de donner une petite aubade en l'honneur de la belle Beryl. Embouchant sa cornemuse, il joua *Black Bear Caller-Herrin.*

Geoffrey qui travaillait dans son bureau à mettre au point ses prêts usuraires, crut d'abord rêver. On jouait du big-pipe chez lui? Incrédule, puis intrigué, il sortit de sa retraite, monta doucement l'escalier à cause de son asthme. Il parvenait aux dernières marches lorsqu'il s'arrêta figé sur place. La chambre de sa femme s'ouvrait et le gigantesque

Ecossais en sortait jouant du big-pipe. L'esprit de maître Groley vacilla. Le musicien passa sans prêter la moindre attention au notaire et descendit l'escalier, perdu dans sa musique. Le notaire le prit par le bras :

— Dites donc, vous! Vous venez de chez ma femme?

— Une bien charmante personne.

— Qu'est-ce que vous faisiez dans sa chambre?

— De la musique!

Maître Groley dut reprendre sa respiration tandis que Malcolm McNamara s'éloignait environné de notes pimpantes. Avant que le notaire ait complètement recouvré l'usage de la parole, le médecin lui tombait dessus :

— Groley, Beryl n'a rien du tout, elle fera son devoir tout à l'heure à l'exposition! C'est une femme très compréhensive!

— Très compréhensive, hein?

Il fonça chez sa femme restée couchée.

— Beryl! Vous êtes en chemise, Dieu me pardonne!

— Vous savez, Geoffroy, c'est la tenue la plus fréquemment portée au lit.

— Pas quand on reçoit des joueurs de cornemuse!

— Des...?

Elle eut un de ses rires de gorge, profond, ample, doux qui subjuguait tous ceux l'entendant.

— Vraiment, Geoffrey, vous avez l'esprit bien étroit!

Il préféra sortir sans répondre craignant de se laisser aller à de fâcheuses extrémités.

En quittant la demeure du notaire, Buckler et McNamara repassèrent devant la grille ornant l'on trée du domaine de la comtesse Polgate, avant d'atteindre la maison du colonel Hilary Clough.

— Cette fois, mon bon, tenez-vous bien car nous nous enfonçons au sein du Parti Conservateur. Le colonel, veuf depuis une dizaine, vit avec sa fille Jill, une pécore, et son fils Perry qui boulotte les revenus que Clough tire d'un coquet portefeuille de titres. Jill est une jolie gosse mais absolument insociable. Elle ne songe qu'à sa précieuse personne. Quand elle n'est pas à cheval en train de se promener dans le pays sans voir personne, elle est couchée, se plaignant de douleurs imaginaires. Une névrosée en quelque sorte. Je suis persuadé que ce matin comme les autres jours, elle ne souffre de rien mais il faut qu'on s'intéresse à elle, alors qu'elle-même refuse de s'intéresser à qui que ce soit.

Le colonel Hilary Clough reçut le docteur et son ami d'un air profondément abattu.

— J'ignore ce qu'a Jill ce matin mais elle est encore plus insupportable que d'habitude. Elle se plaint de douleurs dans la colonne vertébrale. Qui donc se décidera à me demander sa main?

— Quelqu'un ayant le goût du martyre.

Le vieil officier était si abattu qu'il ne prit pas garde au fait que l'Ecossais suivait Buckler se rendant vers la chambre de sa fille. Selon son habitude, Sam entra sans frapper et Jill qui se levait eut tout juste le temps de plonger sous ses draps pour y reboutonner sa veste de pyjama. Tout de suite elle se mit à hurler :

— Vous ne pourriez pas frapper, non?

— Pas le temps. Et alors, qu'est-ce qui ne va pas, ce matin?

Mais au lieu de répondre, Jill Clough, incrédule,

regardait Malcolm McNamara lui souriant. D'une voix étranglée, elle demanda :

— Qu'est-ce que c'est que ça?

— Mon ami Malcolm McNamara, un Ecossais éleveur de moutons.

— Curieux! Je l'aurais plutôt pris pour le monstre du Loch Ness! Et pouvez-vous me confier ce que cette montagne vivante fait dans ma chambre?

— Il m'accompagne.

— Parce que vous donnez vos rendez-vous chez moi et plus particulièrement dans ma chambre, de préférence quand je suis couchée? Mais quel homme êtes-vous donc, docteur Buckler?

— Un type qui commence à en avoir par-dessus la tête de vos manières! Oui ou non allez-vous me dire où vous avez mal?

— Non! sortez! Et emmenez votre petit ami!

A son tour, le médecin sentit la moutarde lui monter au nez.

— Tonnerre de Dieu! Vous m'avez dérangé et vous vous imaginez que ça va se passer comme ça? Je suis venu pour vous ausculter et je vous ausculterai!

Il fonça sur Jill Clough ne s'attendant point à cet assaut, arracha draps et couvertures et l'empoigna aux épaules tout en commandant :

— Donnez-moi un coup de main McNamara, elle doit avoir un accès de fièvre jaune ou de delirium tremens!

En dépit des hurlements de la demoiselle, l'Ecossais suivant scrupuleusement les conseils du praticien, enleva Miss Clough de son lit comme il retirait un lapin du clapier, la mettait à plat ventre sur le lit, retroussait discrètement sa veste de pyjama pour que le docteur put procéder à une auscultation des poumons. Et pendant cette opération, Jill folle de rage et de honte, appelait désespérément à l'aide. Enervé, Buckler demanda :

— Pourriez-vous la faire taire un moment, mon vieux? J'ai l'impression de coller l'oreille sur le buffet des grandes orgues de Canterburry!

Sans plus de façon, l'Ecossais mit le nez de Jill dans un oreiller et l'y maintint au risque de l'étouffer.

Rendu subitement inquiet par le silence succédant au tumulte qui régnait dans la chambre de sa fille, le colonel Clough décida d'aller se rendre compte de l'importance des dégâts. Au même instant, le médecin se relevait :

— Cette enquiquineuse n'a rien du tout, du moins pour l'instant.

— Pour l'instant?

— Oui, parce que si vous ne la lâchez pas, elle va mourir étouffée.

Malcolm ôta vivement ses mains et Jill eut beaucoup de mal à lever la tête. Se retournant elle montra un visage congestionné et fit entendre un souffle court.

Le colonel jurait, quelques jours plus tard, qu'il ne perdrait jamais la mémoire du spectacle qui lui fut offert lorsqu'il ouvrit la porte de la chambre de sa fille. Sous l'œil goguenard du docteur Buckler et de ce grand escogriffe d'Ecossais, Jill semblait en proie à une crise nerveuse et dans une tenue pour le moins peu décente. Le père s'apprêtait à voler à son secours lorsque le médecin l'avait arrêté d'un geste.

— Ce n'est qu'un bouche à bouche, colonel.

— Un... mais pourquoi?

— Parce que mon ami ne connaît pas sa force et qu'il a un peu étouffé Jill en la maintenant pour que je puisse l'ausculter. Cela suffit, maintenant, McNamara.

Le géant se releva et aussitôt, Miss Clough débita un chapelet de jurons et d'injures qui firent douter son père de la qualité de l'éducation qu'elle avait reçue. Puis, des paroles Jill passa aux actes et commença à jeter à la tête de ses visiteurs tout ce qui lui tombait sous la main en jurant qu'elle tuerait de ses mains ce grand crétin d'Ecossais. Buckler se tourna vers le colonel :

— Aussi surprenant que cela puisse vous paraître, elle n'a rien. Tout de même si vous parveniez à lui administrer un calmant...

*
* *

Danny Stepney avait approuvé les mesures extrêmes prises contre Bert Mullion car, ainsi qu'il l'avait dit à la future victime, dans leur genre d'activité, la pitié n'était pas de mise. Certes, la mort de Bert était regrettable parce qu'au fond on le tenait pour un brave garçon fort dévoué, mais maintenant il fallait parer au plus pressé, c'est-à-dire le remplacer. Pour Stepney, il n'y avait pas deux solutions : ou Doris acceptait d'assumer les tâches que devait remplir Bert ou bien elle céderait la place, le *Renard rouge* ne lui appartenait pas. Il importait de mettre la jeune femme au courant des décisions du syndicat le plus tôt possible et c'est pourquoi Stepney se trouvait mêlé au flot des visiteurs du Concours-exposition de Colton-on-the-sea installé dans le vaste champ limité par le chemin de la gare, la route de Falmouth, et la rivière Click bordée de bouleaux, d'osiers et de saules.

A trois heures, l'animation était à son comble et nombre de visiteurs commençaient par se rendre au buffet installé pas très loin du *Renard rouge* car ce n'est pas tous les jours qu'on a l'occasion de voir du beau monde servir au lieu d'être servi. La comtesse, droite et raide, se tenait à la caisse et maniait scrupuleusement les shillings et les pence dont elle faisait de petits tas. Au bar, le colonel servait les consommations avec une maestria suscitant l'admiration des connaisseurs. Il en montrait de la satisfaction. Un moment, par inadvertance, il mit l'argent qu'on lui donnait dans sa poche. La comtesse ayant repéré son geste, glapit qu'il essayait de voler l'église, ce à quoi Hilary Clough, rouge de confusion, répliqua qu'il fallait avoir l'esprit tordu d'une veuve insatisfaite pour manifester une pareille mentalité. Hors d'elle, Pamela Polgate — à la grande joie des consommateurs — déclara qu'elle regrettait de ne pas plaire au vieil officier qui, sans doute, préférait satisfaire ses instincts les plus bas avec les blondes bien en chair. Cette allusion transparente à Mrs. Geoffrey envenima prodigieusement le débat, d'autant plus que le notaire, occupé à déboucher les bouteilles, se mêla à la joute oratoire en spécifiant que s'il était sans illusion sur la dépravation innée du colonel, qui avait rapporté de garnisons lointaines des mœurs inavouables, il sommait la comtesse d'éclaircir son propos qui frisait la calomnie. Pamela Polgate eut un hennissement de cavale avant de rétorquer :

— Qui se sent morveux se mouche!

Et d'ajouter qu'il existait des gens possédant

une âme assez vile pour tirer profit de ce qu'il est communément convenu de tenir pour une disgrâce. Empoignant une bouteille par le goulot, maître Groley manifesta l'intention évidente de la fracasser sur le crâne de la comtesse qui glapit d'épouvante, tandis que le colonel attrapant le notaire par le col de sa veste le tirait en arrière et lui assurait qu'il s'apprêtait à l'étrangler de ses propres mains s'il ne lui présentait pas immédiatement ses excuses. McNamara, qui avait assisté à la scène, dut prêter main-forte au pasteur pour séparer les antagonistes et ramener un semblant de calme.

La présence de l'Ecossais parut toucher profondément Pamela déjà au courant (et de manière fort imagée) par les racontars des aventures du Highlander à l'auberge, chez Groley et chez le colonel. En l'espace de quelques heures, il avait pénétré dans la chambre de trois femmes, toutes vêtues plus que légèrement. A cette idée la comtesse se sentait parcourue de frissons pas désagréables du tout, mais dont elle rougissait.

La quiétude apparemment revenue, le pasteur confiait à Malcolm qu'il se repentait d'avoir attelé à la même tâche des gens ne pouvant se sentir et que leurs animosités réciproques portaient à des écarts de langage profondément regrettables. Harriet Wool, qui lavait les verres, s'efforçait de retenir tout ce qu'elle avait entendu pour pouvoir en parler avec Mildred Thorps, lorsqu'elle irait prendre le thé chez la femme du constable. Quels délicieux moments cela lui réservait.

Insoucieuse de ce tumulte, Beryl Groley, dans une robe plus qu'ajustée qui mettait en valeur des formes presque opulentes, servait les consommations en portant avec grâce des plateaux lour dement chargés et en ondulant de la croupe. A l'entrée du buffet au périmètre délimité par une corde, Perry Clough jouait les bonimenteurs et invitait les visiteurs à venir se rafraîchir tout en accomplissant une bonne action. Tessa, trop timide, trop discrète ne vendait guère de bonbons, quant à Jill, sa mine rébarbative éloignait les amateurs de cigares et de cigarettes. Elle enrageait de ne pas avoir de clients et, du même moment, s'offusquait du rôle qu'on lui imposait et qu'elle jugeait dégradant, fût-ce pour venir en aide au pasteur, à son église et à Dieu. De plus, elle ne parvenait pas à oublier l'humiliation subie le matin. Exaspérée, elle finit par déposer son panier qu'elle remit à son père en prétextant un léger malaise, puis se perdit dans la foule défilant parmi les machines agricoles et les moutons qu'examinait un jury attentif.

Doris que la présence de l'Ecossais paraissait émoustiller, débordait d'activité et d'entrain. Elle ne cessait de faire la navette entre le *Renard rouge* et la buvette champêtre, allant chercher du ravitaillement.

Heureusement que Frank Andrews leur avait laissé une cave confortablement garnie, se disait-elle. Ce « leur » ramena sa pensée à ce pauvre Bert, dont elle ne s'expliquait pas la fin tragique, sans que cette incompréhension la troublât outre mesure. Le garçon n'avait pas eu de chance, voilà tout. Doris aurait souhaité que McNamara se montrât plus empressé auprès d'elle, mais elle devait convenir qu'il était courtois sans plus. Au contraire du colonel qui, en dépit de son âge l'entourait de prévenances fort agréables. Elle savait le colonel veuf et, sur ce point tous les espoirs étaient permis, les vieux s'affirmant plus faciles à manœuvrer que les jeunes. On disait bien que cette belle blonde, l'épouse du notaire... mais Doris n'avait pas à craindre — si le cœur lui disait un jour d'entamer la lutte — une vieille femme d'au moins... quarante ans!

Une fois de plus, portant à chaque main un panier rempli de bouteilles vides, Doris retourna au *Renard rouge*. Stepney l'y suivit et entra sur ses talons. La jeune femme fit aimablement remarquer à cet importun que l'auberge était fermée. Le type se mit à rire.

— Cela me convient parfaitement, Mrs. Mullion.

Alors, tout d'un coup, Doris eut peur, une peur fugitive que rien ne justifiait car par la fenêtre ouverte, n'importe qui pouvait voir à l'intérieur de l'établissement et donc se porter à son secours si besoin était.

— Qu'est-ce que vous désirez?

— Vous ne me reconnaissez pas?

— Parce que je vous connais?

— Bert et moi étions comme les deux doigts de la main.

— Oh! moi, vous savez, les amis de Bert...

— J'assistais à votre mariage, à St. Andrews.

— Admettons. C'est pour arriver à quoi tout ce bla-bla-bla?

— A vous entretenir de choses délicates.

— Allez-y, je vous écoute?

— C'est grâce à mon argent que vous êtes installée ici, Mrs. Mullion.

— Comment ça?

— J'ai prêté la somme nécessaire à Bert pour acheter le *Renard rouge*.

La jeune femme sentit un grand froid l'envahir. Allait-elle, subitement, se trouver devoir des commes énormes? Sa formidable chance se réduisait-elle à un prêt? D'instinct, elle détesta cet homme apportant l'orage dans son ciel serein.

— D'abord qui êtes-vous?

— Danny Stepney, le propriétaire du *Pirate borgne* dans How Street.

— Et vous prétendez...?

— Je ne prétends pas, Mrs. Mullion, j'affirme que mes amis et moi avons prêté trois mille livres à Bert pour qu'il puisse s'installer ici sans bourse délier.

— Vous avez des papiers?

— Quels papiers?

— Des papiers prouvant que vous avez bien avancé cette somme à mon mari?

— Non, je n'ai pas de reçu si c'est ce que vous voulez dire. Entre Bert et moi, on n'avait pas besoin de papier. Je lui faisais confiance. Un point c'est tout.

— Et vous vous imaginez que je vais vous croire?

— Dans votre intérêt, ce serait préférable.

— Et moi je vous dis que si vous vous figurez que je vous remettrai trois mille livres sur votre simple parole, vous vous mettez le doigt dans l'œil! Si vous n'êtes pas content, nous irons devant les tribunaux!

Stepney ne se départissait pas de son calme.

— Nous appartenons à un milieu, vous et moi, Doris Tully, qui ne va devant les tribunaux que contraint et forcé. Nous possédons d'autres moyens de nous faire justice.

Mrs. Mullion avala sa salive plus difficilement.

— Mais enfin pourquoi auriez-vous prêté tout cet argent à Bert?

— Pour qu'il nous rende service.
— Ici? A Colton-on-the-sea?
— A Colton-on-the-sea et si vous acceptez de remplacer Bert, nous ne parlerons plus de cette dette de trois mille livres.
— Quel genre de service?
— Eh bien! voilà... Mes amis et moi trafiquons d'une certaine marchandise dans laquelle nous ne tenons pas à voir la police ou la douane mettre son nez. Notre fournisseur habituel habite dans cette région... Si vous êtes d'accord, il vous téléphonera lorsqu'il aura un paquet de prêt et vous indiquera l'endroit où il le déposera dans la campagne. Vous irez le chercher à l'heure qu'il vous fixera. A la place du paquet, vous mettrez une enveloppe contenant une somme d'argent que je vous aurai moi-même donnée. Vous voyez que ce n'est pas grand-chose en échange d'une aussi belle auberge que le *Renard rouge*?

Ainsi c'était ça! Bert devait se mouiller dans un trafic coupable. Doris pensa à la drogue et elle eut un frisson en songeant à ce que la police réservait à ceux qui vendaient de l'héroïne ou de la cocaïne. Et ce sale type s'imaginait qu'elle allait se mêler à cette saleté!

— Ecoutez-moi bien, Danny Stepney, ou quelque soit votre nom. Je ne suis pas vieille mais j'ai quand même eu des moments difficiles. J'ai eu la chance de rencontrer Bert Mullion qui m'a sortie de la misère et de quelque chose de plus dégradant que la misère. Je croyais que mon mari était un brave garçon. Vous m'apprenez qu'il était une crapule, dans votre genre, sans doute. Alors, je le regrette moins. A y bien réfléchir je pense maintenant que sa disparition est encore une chance, car il nous eût flanqués tous deux dans le pétrin. Je ne veux pas savoir la nature de la marchandise dont vous me parlez, mais ne comptez pas sur moi pour vous aider en quoi que ce soit. Je tiens à rester honnête, figurez-vous. Je possède une bonne maison dont personne ne peut me chasser, ni vous, ni vos copains. Quant à votre dette, vous n'avez qu'à m'attaquer devant le juge. On verra ce qu'il en dira! A présent, fichez-moi le camp. Je vous ai assez vu! Dehors!

— Et vous vous imaginez que cela va se terminer de cette façon?

— C'est terminé! Sortez!

— Ma fille, vous auriez dû apprendre que nous ne sommes pas des plus tendres avec ceux qui prétendent nous doubler!

— Je vous ai déjà dit de sortir.

Le visage tordu par un rictus de rage, Stepney avait perdu toute amabilité.

— A défaut d'argent, nous nous paierons sur vous, espèce de saleté!

En réponse, Doris lui administra une gifle qui fit vaciller le voyou. Blême, il sortit de sa poche un couteau.

— Je vais vous apprendre les bonnes manières, voleuse, en vous faisant quelques marques sur votre jolie gueule. Cela vous laissera le temps de réfléchir en vous regardant dans votre glace!

Mrs. Mullion passa la langue sur ses lèvres sèches. La figure de Stepney lui parut hideuse. Cet homme devenait fou... Elle recula, hésitant à appeler par crainte du scandale. Il avançait sur elle, lentement, inexorablement et elle s'apprêtait à crier au secours lorsqu'une bonne grosse voix déclara :

— Ce n'est pas le moment de vous amuser,

Mrs. Mullion, si je puis me permettre ce conseil. On attend du ravitaillement au buffet.

Doris reconnut l'Ecossais entré sans bruit, malgré son poids et son volume. Elle eut un rire délivré. Avec un pareil défenseur, elle ne risquait plus rien. Danny avait exécuté une volte-face rapide mais si son regard vacilla quelque peu devant la stature du nouveau venu, sa fureur était trop grande pour céder à la prudence.

— Vous, mêlez-vous de vos oignons!

— Je suis venu aider Mrs. Mullion.

— Elle n'a pas besoin de vous!

— Ce n'est pas mon avis.

— Votre avis, je m'en fous! Fichez le camp avant que je ne me fâche pour de bon!

— Pas gentil de me parler aussi méchamment.

La jeune femme assura :

— Sortez-le, McNamara! Il me menace de son couteau.

— Oh! mais ce n'est pas gentil du tout, ça!

Stepney tremblait de rage.

— Sortez, espèce de crétin, ou je vous pique!

L'Ecossais secoua la tête.

— Je pense que vous commettez une erreur. C'est à vous et non à moi qu'elle a commandé de sortir.

— Je ne sortirai pas!

— Mais, si...

Au moment où Danny se ramassait sur lui-même pour sauter sur Malcolm, ce dernier avança d'un pas et de sa main large ouverte assena une simple gifle sur la joue de Stepney, mais elle suffit à lui faire perdre, sur l'instant, la notion exacte de la réalité. L'Ecossais en profita pour le retourner, l'empoigner par le col de sa veste et le fond de son pantalon, puis, avec un han! d'effort il l'expédia à toute volée à travers la fenêtre ouverte. Et se tournant vers Doris, avec un bon sourire :

— Il est sorti plus vite qu'il ne le supposait.

Passant comme une flèche, de l'intérieur à l'extérieur, Stepney atterrit dans la poitrine d'un homme de la ville qui marchait d'un pas résolu en direction du *Renard rouge.* Tous deux roulèrent à terre. Le citadin fut le premier relevé et il redressa Danny d'un coup de pied aux fesses.

— En voilà des manières! Tiens, mais c'est Mr. Stepney! Alors, on vient faire ses frasques à Colton-on-the-sea, maintenant?

Tout déconfit, Danny qui avait perdu son couteau durant son voyage éclair, protesta que s'étant rendu à l'exposition, il avait eu une discussion avec un garçon du genre irascible, un Ecossais.

— A la manière dont vous m'êtes arrivé dessus, j'avais plutôt l'impression que vous aviez eu affaire à un lance-fusée! Quant à cet irascible Ecossais, je vais le calmer en deux temps trois mouvements!

Et laissant là Stepney qui déguerpit sans demander son reste, le type se précipita dans l'auberge et de la porte cria :

— Alors, on s'amuse à balancer ses petits copains par la fenêtre sans se soucier de qui passe dessous?

— Il importunait Mrs. Mullion.

— Dont vous êtes sans doute le chevalier-servant?

— Et en quoi cela vous regarde-t-il?

— Parce que tout me regarde, mon garçon. Je suis l'inspecteur Robyn Donagh du C.I.D. de Plymouth.

CHAPITRE III

Depuis qu'il était entré dans la police, l'inspecteur Robyn Donagh brûlait d'un zèle infatigable. Il aimait son métier sans en comprendre les finesses. Il se persuadait que foncer, ne jamais ménager sa peine fournissait les armes essentielles d'un avancement rapide. Malheureusement, Donagh ne possédait pas l'intelligence nécessaire à une politique aussi brutale. Ainsi, après bien des années, l'inspecteur s'était-il élevé dans la hiérarchie uniquement par la voie de l'ancienneté. On le tenait pour un esprit médiocre et pour un maladroit dont les bévues irritaient. On avait fini par ne le lancer que sur les affaires empoisonnées, dans le but de créer une diversion, espérant que ses maladresses et sa brutalité pouvaient susciter des remous capables de faire apparaître en pleine lumière ce que l'on s'obstinait vainement à découvrir. C'est pourquoi, sur la demande du Yard, le C.I.D. d'Exeter avait expédié de nouveau Robyn Donagh à Colton-on-the-sea, histoire de créer une ambiance quelque peu fiévreuse dont éventuellement souffriraient les meurtriers de Filton et de Mullion si, toutefois, ils se trouvaient encore dans la région.

Très imbu de sa valeur inventée, Robyn Donagh

acceptait mal la manière dont il venait d'être reçu à l'auberge du *Renard rouge.* Il ne cacha pas sa mauvaise humeur à l'Ecossais.

— Alors, jeune homme, vous vous imaginez que je puis tolérer qu'on me traite de cette façon?

— Mais, monsieur l'inspecteur, je ne vous ai pas visé!

— Vous estimez sans doute que flanquer ses concitoyens par la fenêtre est un geste dont un gentleman ait le droit de s'enorgueillir?

— Cet individu avait manqué de respect à Mrs. Mullion, je vous l'ai déjà dit!

— Et pour les beaux yeux de cette lady, vous trouvez normal de tenter de tuer un inspecteur du C.I.D.? D'abord qu'est-ce que vous faites à Colton-on-the-sea?

— Je suis venu exposer mes moutons.

— Eh bien! permettez-moi un conseil qui pourrait se transformer très vite en ordre : dès la fin du concours, hâtez-vous de retourner dans vos Highlands! Vu?

Malcolm n'eut pas le temps de répondre car Ambrose Thorps se présentait, hors d'haleine :

— Vite, Mr. McNamara! Venez vite! Un de vos béliers s'est échappé et se bat avec un de ses congénères. On ne parvient pas à les séparer! Si vous n'intervenez pas rapidement, ils vont se tuer!

— Qui a le dessus?

— Le vôtre! C'est un véritable assassin!

— Alors, j'y vais, mais je ne m'y serais pas rendu si mon bélier avait eu le dessous, cela aurait pu passer pour une manœuvre déloyale!

Sur cette remarque, l'Ecossais emboîta le pas au constable et quitta le *Renard rouge.*

L'inspecteur demeuré avec Doris qui remplissait ses paniers de bouteilles, s'enquit :

— Il ne me semble pas que vous m'ayez souhaité la bienvenue, Mrs. Mullion?

— Vous ne m'en avez pas laissé le temps, inspecteur.

— A moins que ma présence ne vous plaise pas?

— Pourquoi ne me plairait-elle pas?

— Je l'ignore... Peut-être parce que vous n'êtes pas contente de constater que l'affaire du meurtre de votre mari et de mon collègue n'est pas close?

— Je ne vois pas...

— Voyez-vous, Mrs. Mullion, je n'aime pas trop les jolies veuves qui héritent prématurément de leurs époux!

*
* *

Autour des deux béliers, des bêtes énormes, la foule faisait cercle. On avait même déserté le buffet pour assister à cette bataille terrible que le mouton écossais était en train de gagner. Le propriétaire de son rival — un sportif — jurait que si son bélier mourait au combat, il s'empoignerait avec le propriétaire du vainqueur pour lui flanquer une mémorable raclée. Mais quand il vit le Highlander, il revint immédiatement sur ses promesses déclarant qu'après tout, si son imbécile de champion n'était pas capable de vaincre ce damné bélier écossais, il n'avait que ce qu'il méritait.

McNamara s'approcha des deux bêtes et les empoignant par la peau du cou, les souleva toutes les deux au grand émerveillement de la foule qui éclata en applaudissements spontanés. Malcolm reporta son animal dans son enclos et lui adressa quelques paroles bien senties, pour le rappeler aux règles de la bienséance d'un invité à l'égard de ses hôtes. Fausse note dans la sympathie générale, Jill Clough qui n'avait point digéré son humiliation matinale, s'avança :

— Vous devriez vous exhiber dans les foires, Mr. McNamara. Les monstres y font toujours recette!

Aussitôt se creusa un silence. Chacun, blâmant en son for intérieur la hargne agressive de Miss Clough, guetta la réaction du géant. Ce dernier se mit à rire et répliqua :

— Quelqu'un, ce matin, me disait que vous auriez grand besoin d'une fessée, Miss. Je ne l'ai pas cru sur le moment, mais maintenant, je pense qu'il avait raison.

— Vous n'êtes qu'un voyou de sale écossais!

De l'avis unanime, Jill Cough dépassait les bornes. Le Highlander empoigna sa cornemuse.

— Chez moi, à Tomintoul, quand une fille se montre désagréable, on se relaie pour la suivre toute la journée, en jouant *Devil in the Kitchen* afin d'apprendre à tous ceux qui la voient passer qu'elle n'est qu'une poseuse mal élevée.

Jill haussa les épaules et tourna le dos à l'Ecossais mais, presque aussitôt éclatèrent les premières notes de *Devil in the Kitchen,* ce qui déclencha une hilarité générale. La jeune fille pressa le pas. Malcolm fit de même lui dépêchant au derrière des notes d'une insolence extrême. Rouge de confusion, des larmes de rage aux yeux, Miss Clough hâta encore son allure, mais son tourment fit de même, suivi de supporters enthousiastes. Perdant la tête elle se mit à courir et Malcolm courut après elle sans interrompre sa diabolique musique. Jill se dirigea vers le buffet pour chercher, instinctivement, la protection paternelle. A la barrière, Perry ne comprenant rien à ce qu'il voyait, voulut arrêter le joueur de cornemuse.

— Dites donc, vous...

Mais d'un simple revers du bras, l'Ecossais l'expédia dans l'herbe et pénétra à la suite de Jill dans l'enclos. Cette dernière courut vers le colonel :

— Daddy!

Elle trébucha et s'étala de tout son long. Quand elle releva la tête, elle se vit au pied d'une sorte de montagne vivante dont le sommet vibrait de cette musique la rendant folle. Hilary Clough se précipita vers sa fille, la releva, la consola, demanda des explications et quand il fut mis au courant, par-dessus la tête de son enfant, il adressa un clin d'œil complice à Malcolm, puis il entraîna sa fille à l'abri des regards. L'inspecteur Donagh prit le relais.

— Encore vous, l'Ecossais! Ne seriez-vous venu à Colton-on-the-sea que pour y fomenter scandale sur scandale? Vous catapultez un type par la fenêtre et quelques minutes plus tard, vous terrorisez une malheureuse jeune fille...

Le Highlander posa son énorme main sur l'épaule de l'inspecteur, puis très calmement :

— Je vais vous dire une bonne chose, mon vieux : vous commencez à me casser les pieds.

Et sans plus s'occuper de Robyn Donagh, suffoqué d'être ainsi traité en public, il s'en fut, sa cornemuse sur l'épaule. Le policier, écarlate, le visage enflé, rugit à l'adresse d'Ambrose Thorps :

— Constable! Arrêtez cet homme!

— Tout seul?

— Que voulez-vous insinuer?

— Qu'il faudrait au moins une douzaine de costauds pour en venir à bout.

— Auriez-vous peur?

— Oui, monsieur l'inspecteur, et sauf votre respect, à la seule idée d'affronter ce Goliath, j'éprouve une sacrée trouille!

— Constable, je vous ferai infliger un blâme!

— Je le regretterai, sir, car ce sera le premier de ma carrière, mais à tout prendre je préfère cela à un séjour à l'hôpital avec les membres en capilotade!

Et sans plus se soucier de son supérieur, Ambrose Thorps s'en fut à son tour, laissant Donagh méditer sur de terribles représailles, du moins quand il aurait trouvé un vrai motif pour inculper l'Ecossais.

Malcolm retournait vers ses moutons lorsqu'une femme d'allure fort distinguée, l'aborda :

— Excusez-moi, sir, de vous interpeller ainsi au mépris de toutes les règles. Je suis la comtesse Pamela Polgate et je tenais à vous dire combien je vous félicite d'avoir infligé à cette petite vaniteuse de Jill la leçon qu'elle méritait depuis si longtemps! D'ailleurs, elle a de qui tenir. Avec le père qu'elle a, un bon à rien qui se croit quelqu'un parce qu'il a servi dans l'armée! Un homme qui se respecte assez peu pour entretenir des relations coupables avec l'épouse du notaire! Je vous demande un peu comment, dans ces conditions, le Parti Conservateur pourrait encore jouir du respect qu'il mérite de la part du menu peuple? Si vous restez quelques jours à Colton-on-the-sea, je serai heureuse de vous recevoir au château.

Elle l'abandonna après qu'il l'eut saluée et

qu'elle lui eut répondu d'une inclination du buste du plus gracieux effet.

A peine la comtesse s'était-elle écartée que le notaire happait l'Ecossais.

— Mon cher, j'ignore ce que cette folle a pu vous raconter mais méfiez-vous, c'est la plus damnée menteuse du comté et il y a longtemps que je l'aurais poursuivie en diffamation, si je n'avais craint de susciter un scandale dont nous eussions tous pâti. Elle ne vaut pas mieux que cet imbécile de colonel qui, à son âge se croit encore un coq de village et tourne autour des femmes, mariées de préférence. Ce stupide individu à la moralité plus que douteuse se permet de laisser courir les bruits les plus ignobles quant à ses bonnes fortunes. En dépit de mon sang-froid, je sens qu'un de ces jours, je ne pourrai me contenir et lui administrerai la plus belle paire de gifles qu'il aura reçue de sa carrière. En tout cas, bravo pour la manière dont vous avez traité cette petite garce de Jill Clough! Voila du bon travail! A bientôt, mon cher!

Un peu ahuri par ces confidences, l'Ecossais s'en fut revoir ses moutons car l'heure de l'examen par le Jury n'allait pas tarder à sonner. C'est au parc que le colonel le rejoignit.

— Vous avez traité ma fille de façon abominable, McNamara, mais, je n'en suis pas fâché. Jill se croit tout permis! Ce lui sera, je l'espère, une bonne leçon. Le malheur, voyez vous, c'est qu'elle s'ennuie ici où elle n'a personne à fréquenter. La comtesse, une snob, se croit au-dessus de tout le monde et sa fille Tessa, une simple d'esprit, s'était mis en tête de séduire mon fils! Quant au notaire, une vulgaire crapule, qu'on aurait dû flanquer en prison depuis longtemps. Sa malheureuse femme est bien à plaindre...

⁂

Il y en avait un autre qui remâchait sa rancune, le nommé Danny Stepney, qui avait la faiblesse, pour un gangster, de posséder un amour-propre chatouilleux. Au point où il en était, il se fichait du trafic de faux billets pour ne penser qu'aux vengeances éclatantes qu'il se devait de tirer de l'Ecossais, cette brute, et de Mrs. Mullion, cette garce. Celle-là, il se promettait de lui faire passer le goût du thé si elle ne se décidait pas à entrer dans le circuit. La chance voulut que Danny reconnut parmi la foule des visiteurs, deux voyous dont il avait déjà utilisé les services : Bob Fitzmore et David Burlton. Il les héla.

— Qu'est-ce que vous fabriquez par ici, vous autres?

David, le plus grand, expliqua :

— Il doit y avoir du fric à ramasser avec tous ces ploucs aux portefeuilles bourrés.

— Ne perdez pas votre temps à des exercices aussi stupides!

— A la vérité, on serait plutôt désargenté, ces jours-ci.

— Voulez-vous gagner, tout de suite, cinquante livres chacun?

— Et comment?

— Vous avez vu ce grand Highlander qui se balade dans le coin?

— Oui, un drôle de gabarit.

— Faudrait me le descendre.

— Ah?... Comment?

— En douceur, sans témoin.

— Pas facile.

— Pas facile non plus de gagner cinquante livres.

— Ça fera du bruit, non?

— Vous occupez pas de ça.

— Bon. On doit pouvoir l'avoir à la matraque. Qu'en pensez-vous, Bob?

L'autre grogna en signe d'assentiment.

— Alors, allez-y les gars, ensuite venez me rejoindre devant la gare, je vous y attendrai.

***

Fatigué d'être le point de mire de la curiosité de tous, McNamara s'écarta de son parc à moutons et s'en fut droit devant lui. Ainsi il s'approcha du bord de la rivière, sans se douter le moins du monde que deux tueurs collaient à ses chausses, deux tueurs qui se réjouissaient de le voir — comme pour faciliter leur tâche — s'écarter de la foule. Avide de retrouver un peu de calme, l'Ecossais s'enfonça sous le rideau d'arbres ombrageant le cours d'eau. Au moment où, après être passé sous des branches basses, il se redressait, il surprit un piétinement derrière lui. Il se retourna mais pas assez vite pour parer le coup qu'un homme lui portait. Au même instant un cri troubla David Burlton dont la matraque dévia. Néanmoins, Malcolm fut assez violemment frappé pour s'écrouler sans connaissance. Les deux voyous inquiétés par le cri entendu, jugèrent plus prudent de déguerpir. Leur décision sauva la vie du Highlander.

Lorsque ce dernier reprit connaissance, une toute jeune fille lui posait son mouchoir trempé d'eau sur le front.

— On m'a attaqué, hein?
— Deux hommes... Avez-vous très mal?
— Assommé, simplement.
Il parvint à s'asseoir et ferma les yeux car le décor dansait. Il tâta son crâne pour y découvrir une belle bosse.
— Je crois bien que je vous dois de n'être pas mort, Miss... Miss?
— Tessa Polgate.
— Polgate? Vous êtes...
— La fille de la comtesse Polgate.
— Une sacrée chance que vous vous soyez trouvée là!
— J'attendais Perry... Mais vous ne le direz pas à ma mère, n'est-ce pas?
Oubliant que McNamara souffrait, la jeune fille lui conta ses propres soucis.
— Perry et moi nous nous aimons mais nos parents se détestant, nous ne pouvons pas nous voir autant que nous le voudrions, aussi sommes-nous dans l'obligation de nous cacher pour nous rencontrer.
Comme pour confirmer ses dires, le dénommé Perry apparut à ce moment-là. Le garçon eut un haut-le-corps en découvrant sa bien-aimée tendrement penchée sur le Highlander.
— Tessa!... Ce n'est pas possible! Vous!
La petite regimba :
— Ne soyez pas stupide, Perry! Cet homme a été attaqué et blessé à la tête, allez vite chercher du secours.

*
* *

Robyn Donagh admonestait le constable.
— Absolument inadmissible! Vous entendez,

constable? Inadmissible! On se tue dans Colton-on-the-sea, on y met des fausses livres en circulation et la seule chose que vous trouvez à faire c'est d'affirmer que vous n'y comprenez rien.

— C'est la vérité, monsieur. Je n'y comprends rien.

— Mais, par tous les diables, votre métier consiste justement à comprendre ces crimes et à tâcher d'en découvrir les coupables!

— Si j'en étais capable, monsieur, je serais inspecteur!

— Bon, eh bien! puisque vous le prenez ainsi, je vais vous montrer, moi, de quelle façon on procède quand on ne se croit pas obligé de ménager celui-ci ou celui-là!

Une rumeur vint interrompre leur débat. Ils virent des gens qui couraient en direction de la rivière. L'inspecteur s'inquiéta :

— Que se passe-t-il encore?

Ambrose héla un curieux, gros et court, qui se hâtait autant qu'il le pouvait

— Hé! Thomas! Où courez-vous ainsi?

Sans s'arrêter, l'autre lança :

— Paraîtrait qu'on a assassiné l'Ecossais!

Donagh jura et, en compagnie de Thorps, fonça au galop vers ce qui semblait être devenu le point d'attraction de la foule : le bord de la rivière.

Robyn n'en crut pas tout de suite ses yeux lorsqu'il contempla la scène que chacun pouvait apprécier. L'Ecossais assis sur le sol était entouré de femmes le dorlotant, le caressant, lui baignant les tempes, lui faisant respirer des sels. A genoux près de lui, Beryl Groley lui tenait la tête appuyée contre sa généreuse poitrine et lui passait avec douceur la main sur le front. La comtesse tenait une des mains du blessé dans les siennes et la tapotait. Harriet Wool s'entêtait à faire boire Malcolm de la manière dont on s'y prend avec un bébé entêté, et Mildred Thorps elle-même massait la nuque du joueur de cornemuse. L'inspecteur tourna vers le constable un visage stupéfait.

— Ça, alors!

Le pasteur, les yeux levés vers le ciel, les mains jointes, priait.

— Ils sont tous fous ou quoi?

Le colonel chuchota au notaire :

— Votre femme semble avoir une inclination pour les beaux hommes?

Maître Groley sauta sur place comme si une mouche l'avait piqué.

— De quoi vous mêlez-vous? Qu'est-ce que vous souhaitez insinuer?

— Vos feintes indignations ne trompent personne, vous savez!

La comtesse intervint :

— Croyez-vous que ce soit le moment de vous quereller? Si vous étiez des gentlemen...

Le colonel répliqua vertement :

— Et vous, pensez-vous être à votre place en jouant les amoureuses pudiques?

— Oh!!!

Pamela Polgate se releva et voulut se jeter sur le vieil officier mais le pasteur intervint, recevant le coup destiné à Hilary Clough. Aussitôt, sa femme, Harriet empoigna la comtesse par derrière en hurlant :

— Vous avez osé porter la main sur un ministre de Dieu, espèce d'éhontée!

Mildred Thorps lui apporta le réconfort de son approbation.

— Allez-y, Harriet! toutes les honnêtes femmes sont avec vous!

L'assistance paraissait enchantée et les rires couraient entre les rangs pressés. Donagh, furieux, s'en prit au constable :

— Je vous félicite! C'est du propre! Jolie mentalité!

Le notaire arracha son épouse à son œuvre d'infirmière.

— Cela suffit, Beryl!

Elle leva vers son époux un regard limpide.

— Mais, mon ami, ce garçon souffre!

— Je vous répète que cela suffit!

L'inspecteur fit irruption dans cette scène bucolique et grotesque. Du coup, les âmes trop tendres abandonnèrent l'Ecossais à ses soins. Il gronda :

— Encore vous! Vous le faites exprès, ma parole?

— J'aime bien être assommé de temps en temps.

— Qui vous a attaqué?

— Je l'ignore.

— Et pourquoi?

— Pas la moindre idée.

— Vraiment? Eh bien! moi, j'en ai une idée! Car si vous voulez mon opinion, cela sent furieusement le règlement de comptes! Et il va vous falloir me fournir un rigoureux emploi du temps de votre activité au cours des dernières semaines, si vous ne tenez pas à ce que je vous embarque!

— Sous quel prétexte?

— Complicité!

— De quoi?

— Je vous le dirai le moment venu. Avez-vous vu vos agresseurs?

— Non.

— Moi, je les ai vus.

Tessa s'avançait, timide, gênée.

— Ils étaient deux... affreux...

— Pouvez-vous me les décrire?

Elle regarda autour d'elle, effarée, cherchant du secours.

— Vous avez entendu ma question? Répondez, Miss!

— Je... je ne sais pas... Ils... ils étaient laids.

— Vous vous fichez de moi, hein? Et si je vous embarquais pour refus de coopération?

A ces mots, le sang maternel de la comtesse se mit à bouillir et elle se jeta dans le débat avec sa fougue naturelle.

— Dites donc vous, l'homme, qu'est-ce qui vous permet de parler à ma fille sur ce ton?

Robyn Donagh douta, un instant, d'avoir bien entendu. Incrédule, il demanda :

— C'est à moi que vous vous adressez?

— A vous, oui, mon petit bonhomme, et si vous avez envie d'être expulsé de Colton-on-the-sea vous n'avez qu'à continuer de la sorte!

L'inspecteur ferma les yeux, compta mentalement jusqu'à vingt pour se donner le temps de récupérer son sang-froid, mais sa voix encore jugulée par la colère, sauta, ce qui ôta toute importance à ses paroles.

— Bonhomme, hein? Expulser, hein? Je suis l'inspecteur Robyn Donagh, d'Exeter!

— Eh bien! retournez-y!

— Et si je vous faisais comparaître devant le juge de Plymouth pour outrage à un fonctionnaire dans l'exercice de son métier, hein? Qu'est-ce que vous diriez?

Alors là, il faut le reconnaître, la comtesse fut superbe. Sachant que les électeurs travaillistes se réjouissaient déjà de sa capitulation supposée, elle retrouva brusquement la verdeur de langage qui était la sienne lorsqu'elle courait dans les collines du Devon en compagnie de garçons de son âge et fort mal embouchés. Elle regarda l'inspecteur droit dans les yeux et, se redressant de toute sa taille, lança d'une voix de tambour-major :

— Je dirais : allez vous faire foutre!

La grossièreté inattendue du mot, l'allure martiale de celle le proférant, poussèrent les témoins à applaudir. Tandis que le policier sidéré demeurait comme foudroyé, Pamela Polgate prenant sa fille par la main, l'entraînait en l'avertissant :

— Venez m'expliquer ce que vous faisiez sous ces arbres, au bord de la rivière, Tessa!

Spontanément, entraînée sans doute par sa démarche guerrière, l'assistance entière emboîta le pas aux deux femmes précédées de Malcolm McNamara jouant sur sa cornemuse *Scotland the Brave.*

*
* *

La proclamation des résultats du concours ovin remit un peu d'ordre et de dignité dans cette manifestation qui commençait à en manquer quelque peu. L'Ecossais emporta le premier prix et nul n'en montra de l'humeur, au contraire. La comtesse s'avança, remit sa plaque à Malcolm en lui déclarant :

— Je vous félicite d'être venu de si loin pour

nous montrer des bêtes aussi magnifiques. Quoique beaux, nos spécimens ne sauraient lutter contre les vôtres ainsi que l'a si bien jugé le jury composé de connaisseurs. Cela prouve que la vie à demi-sauvage confère une noblesse que trop souvent, hélas! la civilisation nous fait perdre. Mr. McNamara, selon une tradition qui m'est chère, le triomphateur de ce concours me fait l'honneur de venir dîner chez moi. Je vous attends donc, au château, à huit heures.

Lorsque l'assistance se fut dispersée, l'Ecossais s'arrangea avec un camionneur qui devait se charger de transporter ses moutons à Tomintoul. A quelques pas de là, l'inspecteur Robyn Donagh l'observait. Quand le Highlander fut libéré, il se précipita :

— Vous avez gagné le premier prix, bravo! Plus rien ne vous retient à Colton-on-the-sea. Alors, filez le plus vite possible. D'accord?

— Non.

— Dites donc, il ne faudrait pas...

— Je dîne au château, ce soir.

— Soit! J'entends que vous quittiez le pays demain à la première heure et je vous conseille vivement de vous conformer à mes ordres si vous ne tenez pas à connaître de gros, de très gros ennuis.

Sans attendre de réponse, le policier tourna les talons et s'en fut. Malcolm resté seul, se mit à rire. En cherchant une cigarette dans sa poche de veste, il sentit un papier sous ses doigts. Ce n'était qu'un bout de papier sur lequel on avait écrit : *Ne rentrez pas encore dans votre pays. J'ai compris que vous étiez l'homme que je cherche depuis toujours. Votre B.* L'Ecossais, sur le moment, se demanda s'il s'agissait d'une plaisanterie.

Puis il repensa à cette belle blonde que le notaire avait pour femme et qui l'avait si tendrement soigné. On a beau être un Ecossais n'aimant rien tant que ses moutons, sa femme et son pays, il n'est pas douteux qu'un pareil aveu a de quoi vous bouleverser. Il se mit en marche à pas lents, se complaisant à rêver à cette fastueuse blonde au cœur sur la main. Pour bercer son aimable mélancolie, il voulut l'accompagner d'une discrète musique et ramena sa cornemuse (il n'y a que les Highlanders pour croire qu'on puisse jouer « discrètement » de la cornemuse.) Mais il découvrit un autre billet glissé de telle façon qu'il devait obligatoirement le voir quand il emboucherait son instrument. Il le déplia pour lire : *Si les reines ne peuvent céder à des amours bourgeoises, l'histoire leur reconnaît le droit d'aimer un berger... P.* Cela tournait à la farce : après la femme du notaire, la comtesse. Comme il n'y avait aucune raison pour que les choses en soient restées là, Malcolm se fouilla consciencieusement. Ce fut dans son bérot qu'il dénicha le dernier « poulet » : *A cause de vous mes rêves de toujours sont devenus réalités. Maintenant, je pourrai vieillir en sachant que mon idéal existe. Ah! pourquoi arrivez-vous si tard. M.* McNamara se perdit en conjectures sur cette mystérieuse M. Ne croyant pas à la possibilité d'une faiblesse de la part de l'épouse du pasteur, il lui fallait admettre que celle regrettant sa venue tardive, devait être cette grande bringue osseuse dont les doigts maigres lui massaient la nuque. Des conquêtes dont un gentleman ne saurait se vanter, à tous les points de vue, sauf Béryl peut-être, mais de l'avis unanime, cette dame était prête à découvrir dans n'importe quel mâle rencontré, l'homme de sa vie.

On ne joue ni du luth ni de la cornemuse en l'honneur de pareilles amoureuses et le Highlander repoussant son encombrant instrument de musique, se disposait à rechercher son ami Sam Buckler, pour boire un verre en sa compagnie, lorsque son attention fut attirée par une camionnette fonçant à toute allure à travers le champ de l'exposition, faisant s'écarter les gens sur son chemin comme une volée de moineaux, avant de rejoindre la route de Plymouth et de disparaître. L'Ecossais hocha la tête. Encore un, pensa-t-il, qui a abusé du whisky ou du gin... Au même instant, il vit le constable Ambrose Thorps paraissant médusé par la course folle de l'auto. Il tourna vers Malcolm un regard aussi incompréhensif qu'indigné, McNamara lui sourit :

— Vous semblez étonné que je ne sois pas au volant de ce véhicule? Mais, vous savez — quoi que vous en puissiez croire — nous conduisons plus intelligemment à Tomintoul.

Un homme arriva en courant vers le policier :

— Constable! Constable! Ces deux voyous m'ont volé ma voiture!

— Quels voyous?

— Sans doute les deux qui ont attaqué l'Ecossais. En tout cas, ils viennent de tenter d'écraser la femme qui tient l'auberge!

Inquiet pour cette pauvre Mrs. Mullion qui lui paraissait une brave fille, le Highlander suivit Thorps et tous deux gagnèrent un coin de l'exposition, proche de l'auberge où quelques personnes entouraient Doris qui se plaignait et pleurait. Prenant l'initiative des opérations, Malcolm ordonna au constable :

— Tâchez de trouver un médecin et de l'envoyer au *Renard rouge* où j'emporte Mrs. Mullion. Sans doute était-il écrit que l'homme de Tomintoul porterait dans ses bras, à tour de rôle, tout l'élément féminin de Colton-on-the-sea.

Doris n'était pas gravement blessée. Un petit monticule dans le champ avait fait dévier la voiture fonçant sur elle, si bien que seule une aile l'avait heurtée, la projetant au sol. Elle pensait n'avoir rien de cassé mais garderait sans doute une ecchymose importante et une certaine difficulté à se déplacer durant quelques jours.

— Avez-vous l'impression que ces hommes l'ont fait exprès? Qu'ils avaient réellement l'intention de vous écraser?

— Oh! oui!

— Mais, voyons, sur quoi basez-vous votre certitude?

— Stepney m'avait prévenue.

— Qui est Stepney?

— Le type que vous avez flanqué par la fenêtre.

— Pour quelles raisons?

Sans doute, sous le coup de l'émotion, Mrs. Mullion eût-elle révélé le secret qu'elle ne se sentait plus de taille à garder pour elle toute seule, si le docteur Buckler, en entrant, ne lui avait rendu la maîtrise d'elle-même. Légèrement dépité Malcolm s'écarta devant son ami toujours aussi jovial.

— Alors, paraît qu'on a voulu vous écraser, ma jolie? C'eût été dommage...

Il tâta consciencieusement la patiente avant de la rassurer.

— Rien de cassé. Quand vous vous regarderez, ce soir, en vous couchant, vous aurez l'impression d'être un peu faisandée mais ne vous tracassez pas, ça passera. Tout au plus, pendant quelques jours, éprouverez-vous des difficultés à vous asseoir ou à effectuer certains mouvements. Pour vous consoler, vous vous direz que vous pourriez vous trouver à l'hôpital si ce salopard vous était passé dessus! Pas de remède inutile. Maintenant si vous m'expliquiez de quelle façon c'est arrivé?

— Vous permettez, gentlemen? C'est à moi qu'elle va l'expliquer!

Buckler et l'Ecossais se retournèrent pour voir l'inspecteur s'approchant d'eux. Le médecin grogna :

— J'avais ordonné à Thorps de ne laisser entrer personne!

— Docteur, c'est moi et moi seul qui donne des ordres à Thorps. Je suis l'inspecteur Robyn Donagh du C.I.D. d'Exeter.

— Qu'est-ce que vous supposez que cela me foute?

— Ah!... vous aussi?

— Quoi, moi aussi?

— Rien. Je me comprends. Naturellement, Mr. McNamara est là!

L'homme des Highlands lui sourit avec gentillesse comme à son habitude.

— Cela vous gêne?

Hargneux, le policier s'approcha de Malcolm.

— Parfaitement! Cela me gêne, figurez-vous, parce que je n'admets pas les coïncidences, les hasards ou autres excuses imbéciles! Je n'admets pas que vous défenestriez un gars que — soi-disant — vous ne connaissez pas! Je n'admets pas que vous soyez victime d'un attentat que rien n'explique! Je n'admets pas que vous vous trouviez auprès de Mrs. Mullion, elle aussi victime d'un attentat! Vous avez beau jouer les indifférents, les gros naïfs et jurer que vous ne vous étiez jamais rencontrés les uns les autres, je suis sûr que vous vous connaissez tous et que vous avez choisi Colton-on-the-sea pour régler vos petites affaires! Seulement, vous ne vous attendiez pas à me trouver! Et j'ai bien l'intention de voir clair dans vos combinaisons, mon gaillard!

Sans bouger, le médecin demanda calmement :

— Ils sont tous comme vous, dans la police d'Exeter?

— Vous, vous seriez bien inspiré de la fermer!

— Et vous, mon petit flic, vous seriez bien inspiré de me parler sur un autre ton, sinon vous allez sortir d'ici beaucoup plus vite que vous n'y êtes entré!

— Vous me menacez?

— Si je vous disais ce que je vous fais, mon vieux, vous ne seriez pas content du tout.

— Ah! c'est comme ça?

Voyant passer le constable, Robyn Donagh se précipita à la fenêtre.

— Thorps! Venez ici!

Puis il revint vers le médecin.

— Je vais vous apprendre à respecter les fonctionnaires de Sa Majesté, moi!

Lorsque le constable pénétra dans l'auberge, l'inspecteur empoigna rudement Sam Buckler.

— Allez, oust! Thorps! Embarquez-moi ces deux-là!

D'une secousse, le docteur se dégagea et envoya promener Donagh. Le constable n'eut que le temps d'ouvrir les bras pour recevoir son supérieur qui l'enlaça pour éviter la chute, si bien que les deux hommes restèrent quelques secondes enlacés. Buckler ricana :

— Pensiez-vous qu'on s'aimait à ce point-là, dans la police, Malcolm?

Furieux, l'inspecteur se dégagea :

— Qu'est-ce qui vous prend, Thorps? Vous êtes fou, ma parole?

— Mais... mais je vous ai retenu, monsieur!

— Ça suffit! Flanquez-moi ces deux-là en prison!

Le constable le regarda, épouvanté.

— Les deux?

— Les deux!

— Co... comment voulez-vous que... que je fasse?

— Je me propose de demander des renforts à Exeter.

— Et... on ne pourrait pas les attendre?

— Désirez-vous que je vous soupçonne de complicité, Thorps?

— Dans ce cas... Je... je vous prie... enfin, je vous confie Mildred au cas... au cas où... où il m'arriverait quelque chose de grave!

— Vous êtes un parfait idiot, Thorps!

Contrairement aux craintes du constable, Buckler et McNamara n'opposèrent aucune résistance et, encadrant Ambrose, ils sortirent en sa compagnie pour gagner le bureau de police qui possédait une pièce servant de cellule à l'occasion. Ceux qui les regardèrent passer crurent de bonne foi que Thorps, sous les bras duquel les deux colosses avaient passé une main — si bien que le constable touchait à peine le sol — était emmené quelque part pour des raisons inconnues.

Privée de ses défenseurs, Doris refusa de dire quoi que ce fût à Donagh, affirmant qu'il devait s'agir d'un accident et que le conducteur affolé s'était enfui.

— Au volant d'une voiture ne lui appartenant pas? Alors, vous me prenez vous aussi pour un idiot, hein?

— Je... Je ne me permettrais pas.

— Menteuse! Où est le téléphone?

Lorsque le superintendent Dixon, de la police d'Exeter, apprit de Robyn qu'il avait flanqué l'Ecossais, dont les bêtes venaient de sortir victorieuses du concours ovin, et le docteur Sam Buckler en prison pour outrages à un policier dans l'exercice de ses fonctions, il se tamponna le front de son mouchoir en se demandant pour quelles raisons le Yard avait exigé qu'on envoyât Donagh à Colton-on-the-sea... Avec Robyn, depuis des années, par suite de son zèle imbécile, on allait d'embêtement en embêtement. Il dut s'imposer un effort pour ne pas crier.

— Inspecteur Donagh, je vous donne l'ordre, vous m'entendez bien? l'ordre de relâcher immédiatement vos deux prisonniers. S'ils vous ont manqué de respect, c'est que vous ne savez pas vous faire respecter! Quant aux renforts, je me demande si vous avez perdu la tête ou non? Bonsoir!

Robyn raccrocha, un pli amer au coin des lèvres. Ainsi, cela continuait. Durant toute sa carrière on se serait opposé à ses initiatives. On le brimait de crainte qu'il réussisse trop vite là où d'autres avaient échoué...

Abandonnant Mrs. Mullion non sans lui avoir promis qu'elle ne perdrait rien pour attendre, il gagna le bureau de police où il trouva Ambrose en train de boire le thé en compagnie des deux prisonniers et Mrs. Thorps.

— Vous avez une bien curieuse façon, Thorps, d'exécuter mes ordres!

— Monsieur... le docteur Buckler est le médecin de Colton-on-the-sea... un citoyen fort honorable quoiqu'un peu vif... je puis avoir besoin de lui à tout instant et...

— ... et vous avez peur qu'il ne se venge? Thorps, j'ai le regret de vous dire que vous êtes le constable le plus sot que j'aie jamais rencontré!

Mildred ne pouvait admettre qu'on parlât de son mari en de pareils termes devant des étrangers. Elle avait le sentiment d'être frustrée d'une exclusivité.

— Il est possible que mon époux ne soit pas intelligent, sir, mais il est au moins bien élevé. Peut-être cela l'empêchera-t-il de devenir inspecteur?

Donagh dédaigna de lui répondre.

— Constable, je ferai mon rapport. Remettez ces deux hommes en liberté. Je rentre chez ma sœur à Fowey. Vous pourrez m'y joindre par téléphone — le 6 — si besoin en est.

Sur ce, il sortit sans saluer personne. McNamara et Buckler prirent, à leur tour, congé de leurs hôtes, le premier pour assister au réembarquement de ses bêtes, le second pour rejoindre ses malades. Lorsque la porte se fut refermée sur eux, Mildred soupira :

— Quel bel homme, cet Ecossais!

Thorps donna violemment du poing sur la table.

— Mildred, en voilà assez!

N'étant point habituée, de la part de son mari, à de tels éclats, elle ne sut, sur le moment, que répondre.

— Enfin, est-ce que vous vous rendez compte de ce que votre attitude a de scandaleux?

— Scandaleux?

— Tout à l'heure, en public, vous n'avez pas craint de caresser le cou de ce garçon comme s'il se fut agi de... de...

— De qui?

— Dispensez-moi de ne pas préciser ma pensée!

— Eh bien! moi, je vais la préciser, Ambrose Thorps, bon à rien! Si j'étais plus jeune, si je ne m'étais pas usée à servir un incapable de votre espèce, je ferais ma valise et je partirais dans les Highlands avec ce garçon!

Toute sa colère enfouie, Ambrose n'était plus que désespéré.

— Vous... vous m'abandonneriez?

Subitement radoucie, elle demanda d'une voix presque tendre :

— Vous en auriez vraiment de la peine?

— Vous faites si bien le thé!

Il ne comprit pas pour quelles raisons, empoignant la théière, elle la jeta au sol où elle se brisa. Les tasses et les soucoupes prirent le même chemin. Une femme d'ordinaire si économe! Il se promit d'en toucher deux mots au docteur Buckler.

Au même moment, à quelques dizaines de mètres de là, le pasteur repoussant son assiette, déclarait fermement à sa femme :

— Harriet, je me suis toujours plu à voir en vous le prototype des vertus conjugales.

— Et alors?

— Je ne pensais pas qu'un jour pourrait venir où votre conduite serait susceptible de me choquer.

— Parlez-vous sérieusement, Arthur?

— Très sérieusement, ma chère. Permettez-moi de vous assurer que cet après-midi vous vous êtes conduite d'une façon incroyablement légère à l'égard de l'Ecossais.

— Parce que je l'ai fait boire?

— Il y a la manière... et votre manière, laissez-moi vous le dire, paraissait nettement impudique!

— Oh!

— Parfaitement! Impudique! Tandis que vous l'abreuviez avec des gestes qui, aux yeux de tous, devenaient des caresses...

— Je n'étais pas la seule!

— Je n'ai pas à juger le comportement des autres! Mais vous, ma femme, qui devez plus que n'importe qui demeurer à l'abri des soupçons, je ne saurais admettre que vous imitiez une Beryl Groley, une comtesse que le veuvage semble rendre folle ou cette malheureuse Mrs. Thorps qui paraissait avoir perdu la tête! Je veux me persuader, ma chère, qu'il ne s'est agi que d'un moment d'égarement. Montez dans ma chambre, mettez-vous à genoux et récitez les prières demandant à Dieu de nous mettre à l'abri des tentations.

***

La nuit, en étendant son manteau sombre sur Colton-on-the-sea, parut y ramener le calme dont ce pays jouissait à l'ordinaire.

Beryl Groley dormait, un sourire aux lèvres. Elle rêvait qu'un chevalier issu d'un roman de Walter Scott — et ressemblant étrangement à McNamara, car il portait une cornemuse en guise d'arme — l'emportait au galop de son cheval. Jill

Clough ne parvenait pas à trouver le sommeil tant elle roulait dans son esprit de terribles projets de vengeance à l'endroit de l'Ecossais. Son frère se demandait quand il aurait le courage d'avouer à son père qu'il ne voulait pas d'autre femme que Tessa Polgate. Celle-ci, que sa mère avait envoyée au lit sans souper pour la punir de son escapade, pleurait tout en dormant, tant était grand son chagrin. Mrs. Mullion servait à boire à ses clients avec des grimaces de douleur arrachées par des mouvements trop brusques de son corps meurtri. Stepney et ses deux acolytes complotaient contre Malcolm et Doris. Ambrose Thorps exécutait consciencieusement sa promenade à travers les rues désertes avant de se rendre au *Renard rouge.* Son épouse se jugeait la plus malheureuse du monde. Harriet Wool, les yeux clos, priait pour que le Ciel écarte d'elle toutes les tentations, pendant que son mari assurait dans la Bible sa volonté de pardonner. Le notaire et le colonel buvaient leur whisky vespéral en regardant Doris avec des yeux gourmands.

Pendant ce temps, chez sa sœur, à Fowey, Robyn Donagh terminait son rapport : *Pour moi, sans que je puisse encore démêler les fils de cette intrigue embrouillée, je suis convaincu qu'il s'agit d'une bande organisée où la brouille a éclaté. On doit se disputer pour mettre la main sur les faux billets que détenait Bert Mullion et que mon regretté collègue avait peut-être découverts. Il est évident que d'une part, Stepney et ses amis, s'opposent à Mrs. Mullion et à cet Ecossais arrivé brusquement dans l'histoire. Je ne serais pas loin de penser que le nommé Malcolm McNamara soit un chef de bande redoutable. Je vais m'attacher particulièrement à lui. Dans le règlement de comptes qui semble être en jeu, des événements graves peuvent se produire d'un instant à l'autre. J'agirai de mon mieux mais je suis très isolé, le constable Thorps s'avérant d'une incapacité totale. Je renouvelle ma demande de renforts et je souhaite qu'on mène, le plus tôt et le plus vite possible, une enquête approfondie sur ce Highlander dont le comportement bizarre permet tous les soupçons.*

Ayant terminé, l'inspecteur signa et, avant de se coucher, alla jeter sa lettre à la poste, à l'adresse du superintendent Dixon. A moins d'être d'une mauvaise foi impensable, ce dernier serait obligé de se rendre à l'évidence et d'admettre que Robyn Donagh était quelqu'un.

Le policier se fut glissé dans son lit avec moins de satisfaction s'il avait pu deviner que le lendemain matin, en recevant son rapport, le superintendent Dixon le jetterait au panier en donnant pour seul commentaire :

— Ce pauvre Donagh est toujours aussi bête.

CHAPITRE IV

En tête à tête avec la comtesse Polgate, dans une salle à manger Tudor, servi par une servante dont l'allure donnait à penser qu'elle avait vu construire le château, McNamara se sentait fort mal à l'aise. Non pas que son hôtesse fût déplaisante à regarder, mais sa conversation manquait d'imprévu. Comme si la présence de son invité lui permettait de soulager la bile l'étouffant, elle se lança dès le potage dans un intarissable monologue où, sous prétexte de lui brosser un tableau de Colton-on-the-sea, elle se répandit en calomnies toutes plus abominables les unes que les autres. A l'en croire, le bourg n'abritait qu'escrocs, désaxés et crétins. Le notaire fut le premier contre lequel elle s'acharna, le colonel prit son tour tout de suite après, Beryl suivit et Jill et Perry. Là il y eut un entracte, puis la châtelaine continua son jeu de massacre dont nul ne réchappa, sauf peut-être Sam Buckler dont le seul tort, à ce que crut comprendre le Highlander, était de ne point être épris de Pamela Polgate qui, à défaut d'un pair du royaume, se serait volontiers remariée avec un médecin.

Son sac vidé, Pamela remarqua, mutine :

— Mais je parle, je parle... A votre tour! Racontez-moi ce qu'est votre vie à Tomintoul?

— Oh! vous savez, elle n'a rien de particulièrement excitant pour quelqu'un qui n'est pas né dans ces paysages sévères.

— Et... le cas échéant, vous n'envisageriez pas de quitter Tomintoul?

— Pourquoi le ferais-je?

— Je ne sais pas... On pourrait envisager l'offre d'une belle situation, par exemple?

— Je me demande bien qui penserait à moi?

— Quelqu'un à qui vous seriez sympathique?

— Entre nous, les hommes avec qui je me trouve en contact, ne me jugent pas particulièrement sympathique!

— Eh bien! disons une femme?

— Une femme?

— ... qui éprouverait à votre égard... je ne sais pas moi... enfin des sentiments assez forts pour... pour faire de vous son compagnon?

— C'est que... voyez-vous...

La narine palpitante, la comtesse se rapprochait de l'Highlander qui ne voyait plus très bien de quelle façon il se tirerait de cette aventure imprévue. Telle la vamp du cinéma muet, Pamela ondulait du torse, se passant la langue sur les lèvres, roulait des yeux qu'elle pensait irrésistibles et brusquement, se jeta sur son hôte dont elle attrapa la tête à pleines mains. Malcolm se recommanda à toute vitesse aux derniers dieux écossais avant que la bouche de la comtesse ne se collât sur la sienne en un baiser qui donna l'impression à McNamara d'embrasser une pompe aspirante. La situation devenait plus qu'embarrassante lorsqu'une voix atone demanda :

— Je sers le café, Ma'ame?

Pamela Polgate abandonna brusquement sa victime et se redressa, furieuse.

— Elizabeth! Espèce de sotte! Vous ne pouviez pas frapper?

Indifférente, la vieille servante répliqua :

— J'ai frappé, Ma'ame, mais Ma'ame m'a pas entendue... Ma'ame était occupée.

— Sortez!

La bonne obéit, puis entrebâillant de nouveau la porte :

— Et pour le café, Ma'ame, qu'est ce que je fais?

— Servez-le, stupide créature!

Elizabeth enfin partie, la comtesse, les yeux baissés, déclara cyniquement :

— J'ai l'impression, Mr. McNamara, que vous avez quelque peu abusé de la situation... mais, je vous pardonne.

Elizabeth avait dissipé la fièvre secouant la comtesse Polgate qui, redevenue maîtresse d'elle-même, déclara après qu'ils eurent bu le café :

— J'espère Mr. McNamara, que vous ne garderez pas un trop mauvais souvenir de cette soirée?

Galant homme, il assura que pour lui, ces quelques heures passées au château de Colton-on-the-sea demeureraient à jamais gravées dans sa mémoire et que, de retour à Tomintoul, il y repenserait avec émotion. Sans doute, sous prétexte d'être aimable avait-il été trop loin car son hôtesse parut de nouveau tomber en transe. Pour éviter un nouvel assaut, il attrapa sa cornemuse.

— Quand je reviendrai dans les collines avec mes moutons, je n'aurai qu'à jouer ceci pour me retrouver dans cette pièce avec la plus belle femme que j'aie jamais rencontrée. Avant que Pamela n'ait pris l'initiative d'un nouvel assaut, l'Ecossais entonna : *Bonnie Lassie.*

Si Pamela en fut dépitée, elle n'en montra rien. Lorsque son hôte se leva pour prendre congé, elle déclara qu'elle tenait à l'accompagner jusqu'à la porte de sa propriété, sur la route de Plymouth. Dans l'obscurité que la présence des arbres rendait plus épaisse encore, Pamela prit la main du Highlander sous prétexte d'être guidée et d'éviter la chute. Mais les pressions furtives, les frémissements voulus, donnaient assez à comprendre à McNamara qu'on tenait à lui témoigner une passion difficilement contenue et qu'on était prête à ne point se formaliser d'un hypothétique et tendre assaut. L'Ecossais redoutant que sa compagne, lasse d'attendre une attaque espérée, ne prit de nouveau l'initiative, hâta le pas. Déjà, il distinguait la tache plus claire de la grand-route lorsqu'un coup de feu claqua. Une balle siffla à ses oreilles. En une fraction de seconde, Malcolm se jeta à terre entraînant la comtesse dans sa chute. Pour que cette dernière ne se mit pas à crier, il lui plaqua la main sur la bouche et lui chuchota à l'oreille :

— Faites le moins de bruit possible... Celui qui nous tire dessus ne nous voit pas. Compris?

Elle bougea la tête pour répondre affirmativement. Libérée du bâillon improvisé, elle demanda dans un souffle :

— Qui donc veut nous tuer?

Il lui sut gré de montrer un sang-froid dont il ne l'eût pas crue capable.

— C'est à moi qu'on en a... Probablement les mêmes qui m'ont assailli cet après-midi.

— Mais... pourquoi?

— Si seulement je m'en doutais. Ne bougez pas.

Malcolm ramassa une pierre et la lança assez loin sur sa droite. Aussitôt deux coups de feu trouèrent la nuit. Il put repérer à peu près l'emplacement des tireurs.

— Ecoutez... Vous ne quittez pas cet endroit où vous ne risquez rien. Vous allez compter lentement, jusqu'à cent et, à cent vous lancez à votre tour un caillou exactement comme je l'ai fait et dans la même direction. D'accord?

— D'accord! Mais... vous m'abandonnez?

— Je vais m'occuper de ces gentlemen.

— Prenez garde à vous!

Elle admira avec quelle légèreté cet homme aux dimensions anormales s'enfonçait sous le couvert sans qu'aucun bruit ne trahisse sa progression, puis avec conscience, elle entreprit l'énumération demandée. McNamara arrivait presque au portail d'entrée lorsque la comtesse, obéissant à ses ordres, lança sa pierre dont la chute fut saluée, comme précédemment, de deux coups de feu. L'Ecossais vit l'un des tireurs adossé à un arbre. Il sourit.

David Burlton crut s'évanouir de peur lorsqu'un bras lui passant autour du cou, l'appliqua contre l'arbre auquel il s'appuyait tandis qu'on l'interrogeait doucement :

— Alors, on est parti à la chasse aux Highlanders, mon petit gars?

Le voyou, la sueur au front, repensa à la force prodigieuse de son adversaire et ne put que balbutier :

— Ne... ne me tuez pas...

— Ça dépendra de vous, mon vieux, uniquement de vous... Donnez-moi votre pistolet.

L'autre ne fit aucune difficulté pour obéir. En possession de l'arme, McNamara fit le tour de l'arbre et se planta devant son prisonnier.

— Alors, garçon, décidé à parler?

A cet instant, le compagnon du vaincu l'appela :

— David?... David?... Qu'est-ce que vous fabriquez?

Intrigué, Bob Fitzmore sortit de son abri pour venir se rendre compte de ce qui empêchait son copain de lui répondre.

— David, bon sang! Ce n'est pas le moment de rigoler! Je n'entends plus ce foutu Ecossais!

Lorsque Bob ne fut plus qu'à trois ou quatre mètres d'eux, Malcolm dit à haute voix :

— Le foutu Ecossais vous attend, mon gars!

En même temps, empoignant David par les épaules, il le précipitait sur le nouvel arrivant qui, croyant à une attaque, affolé, ne reconnaissant pas la silhouette de son copain dans l'obscurité, lui vida son chargeur dans le corps, le tuant sur le coup.

— Pas bien du tout de tuer ses petits camarades...

Hébété, fixant le cadavre étendu à ses pieds, Bob Fitzmore n'opposa aucune résistance lorsque le Highlander lui enleva son arme inutile.

— Et maintenant, jeune homme, il va falloir parler et vite. Qui vous a ordonné de m'abattre?

Fitzmore répondit par une injure. L'Ecossais répliqua par une gifle qui expédia Bob au sol où il mit quelques secondes à recouvrer ses esprits.

— Vous tenez à continuer le jeu, garçon?

— Bon, ça va, j'ai compris. Danny Stepney nous a payés pour vous supprimer.

— Qui est Stepney?

— Le patron du *Pirate borgne*, à Plymouth.

— Et pourquoi tient-il à me supprimer?

— Ça... Nous, on obéit, on ne demande pas d'explications.

— Bon, merci du renseignement.

Fitzmore ricana :

— Il ne vous servira pas à grand-chose!

Et sortant brusquement un couteau de sa poche, il en porta un furieux coup vers Malcolm qui se tenait sur ses gardes, ayant cru déceler dans les réponses de l'homme un ton faux. McNamara s'écarta légèrement si bien que Bob, emporté par son élan, passa devant lui. Happant son bras au passage il le fit tourner à toute vitesse pour l'envoyer s'écraser contre l'arbre au tronc duquel, quelques minutes plus tôt, s'adossait David Burlton. Fitzmore n'eut pas le réflexe de se protéger et vint donner de la tête dans le chêne. Il s'écroula sans un gémissement. Le Highlander se pencha sur lui et constata :

— Dommage pour lui, il n'avait pas le crâne solide.

Ce fut toute l'oraison funèbre de Bob Fitzmore parti rejoindre son copain en enfer.

*
* *

Au *Renard rouge* l'ambiance commençait à devenir chaude. Le bar, par exception et à cause de l'exposition, restait ouvert au-delà de l'heure légale. Doris ne sentait plus ses meurtrissures, le médecin lançait des défis à tous ceux qui voulaient bien les relever et les tournées succédaient aux tournées. Le notaire, attentif à ne point dépenser son cher argent, essayait de se glisser dans tous les coups où il pouvait boire gratuitement. Le colonel le surveillait et dénonçait publiquement ses tentatives. Les deux hommes avaient échangé nombre d'injures au cours de la soirée; mais les habitués ne prenaient plus garde aux querelles trop souvent répétées de ces deux ennemis. Seuls, les visiteurs et les gens de passage s'étonnaient que deux notables puissent se conduire de si honteuse façon.

Comme chaque fois qu'il entrait quelque part et bien que tous l'aient déjà vu, l'arrivée de McNamara figea l'attention des clients de Doris Mullion, cela d'autant plus que la comtesse l'accompagnait. Pour les habitants de Colton-on-the-sea c'était là un événement extraordinaire, car jamais Pamela Polgate n'avait mis le pied à l'auberge « si peu distinguée ». On flaira le sensationnel. Aussi fut-ce dans un silence passionné que l'Ecossais installa sa compagne à une table que spontanément les occupants lui abandonnèrent. A Doris venue demander à la comtesse ce qu'elle désirait, cette dernière réclama un thé très fort avec un doigt de whisky, tandis que Malcolm estimait devoir se contenter d'un double whisky. Ambrose Thorps jugea qu'il lui incombait de connaître les raisons de la présence exceptionnelle de la châtelaine. Il s'approcha de Pamela et la saluant :

— Vous ne semblez pas bien, madame? Rien de fâcheux, j'espère?

La comtesse regarda le constable avec une commisération méprisante :

— Rien de fâcheux, Ambrose, si toutefois vous

estimez qu'être attaquée à coups de revolver par deux voyous, relève des habitudes de Colton-on-the-sea!

— Quoi?

Le cri de Thorps résumait la stupéfaction de l'assemblée.

— C'est bien simple, Ambrose, sans Mr. McNamara, à l'heure actuelle Tessa serait orpheline.

Avec élégance, elle tamponna discrètement sa paupière d'un fin mouchoir. Ce geste impressionna beaucoup. Seule, Mrs. Mullion demeura de marbre car la jalousie lui brouillait le jugement. Pour répondre à l'invite du constable, Pamela se résigna à raconter ce qui était arrivé. A l'écouter, le Highlander se demandait si elle se rendait compte qu'elle mentait avec un aplomb qui pouvait passer pour de la sincérité. Ce n'était plus la comtesse Polgate qui discourait : c'était quelque hardie pionnière habitant, non la paisible demeure de la falaise, mais la forêt amazonienne où les pâles crapules des bas-fonds de Plymouth se muaient en Indiens sauvages et coupeurs de têtes. A l'entendre, il apparaissait clairement que l'Ecossais avait eu bien de la chance de l'avoir pour alliée, sans cela il eût peut-être succombé au piège tendu. Se tournant vers son compagnon, elle ajouta avec un parfait sang-froid :

— N'est-ce pas, mon cher?

McNamara hocha la tête, ce qui pouvait tout ensemble passer pour une approbation ou un doute. La comtesse se leva :

— Et maintenant, Ambrose, je vous serais obligée de me ramener chez moi. J'ai eu suffisamment d'émotions pour aujourd'hui.

Le constable s'empressa, prit son casque, oublia

de payer ses consommations, puis comme frappé d'une idée subite :

— Mais... mais ces deux hommes ne risquent-ils pas de... enfin, je veux dire... ne sont-ils pas encore là-bas?

Pamela Polgate eut un rire triste du plus harmonieux effet.

— Ils y sont encore, Ambrose.

— Vous... vous êtes sûre?

— Certaine.

— Dans ce cas, il conviendrait, je crois, de... de recruter des volontaires.

— Inutile, Ambrose. Ces deux hommes nous laisseront parfaitement tranquilles.

— Pour... pourquoi?

— Parce que Mr. McNamara les a tués.

***

Bien que le temps fût au beau, c'est une véritable tempête qui se déchaîna le lendemain matin sur Colton-on-the-sea.

D'abord la comtesse se montrait d'une humeur massacrante car elle avait été longuement interrogée dans la nuit par l'inspecteur Donagh, revenu en toute hâte de Fowey à l'appel du constable Thorps. Le policier ne décolérait plus car il s'avérait impossible de mettre la main sur le géant écossais disparu. Donagh avait alerté la police d'Exeter et demandé au superintendent de lancer un mandat d'amener contre McNamara probablement en fuite. Mais, à sa grande indignation, le superintendent avait déclaré qu'il éprouvait une envie folle de mettre à pied l'inspecteur Robyn Donagh pour lui apprendre à réveiller ses supérieurs à des heures impossibles, afin de leur raconter des stupidités. Cependant, bon prince, le superintendent avait accepté de faire rechercher l'Highlander en souhaitant pour son subordonné que ce dernier soit coupable de quelque chose de grave, sinon il lui en cuirait. En raccrochant l'appareil téléphonique, le policier semblait bien un peu ennuyé. Le superintendent considérait-il comme un acte grave et foncièrement contraire à la loi, d'avoir éliminé deux voyous fichés depuis longtemps dans les registres de la police de Plymouth, lesquels de surcroît, s'étaient livrés à une attaque à main armée sur celui qui devait finalement les abattre?

L'équipe venue chercher les corps comptait parmi ses membres un vieil homme connaissant toute la crapule du grand port militaire. Tout de suite, il reconnut David Burlton et Bob Fitzmore. Exaspéré, Donagh était rentré au *Renard rouge* en priant Doris Mullion de lui donner une chambre où il pourrait prendre quelques heures de repos, avant de recommencer son enquête.

Pendant que Robyn Donagh se glissait dans les draps, Tessa Polgate sortait des siens, faisait une toilette rapide, se vêtait à la hâte et prenant garde de ne point susciter le moindre écho, se glissait dehors. Le tumulte de la nuit terminée, la paix régnait de nouveau sous les arbres et Tessa ne rencontra âme qui vive sur le sentier la conduisant à l'endroit où Perry Clough l'attendait. Les deux jeunes gens tombèrent dans les bras l'un de l'autre et ainsi que tous les amoureux du monde, perdirent très vite les notions d'espace et de temps pour s'évader, avec délices, dans des projets toujours recommencés.

Maître Groley restait insensible, et depuis toujours, à ce genre d'émoi. Installé sur son balcon, il aimait à goûter la fraîcheur du matin et à regarder, de loin, les toits des maisons de Colton-on-the-sea, s'arrêtant avec complaisance sur ceux abritant ses débiteurs. Le notaire ne se posait pas de questions sur un emploi hypothétique de l'argent qu'il amassait et qui lui avait fait perdre tout sens moral. Il accumulait ses billets pour le plaisir de les compter, de les caresser et savourait une joie profonde à l'idée que dans Colton-on-the-sea des hommes et des femmes se levaient pour commencer une journée de labeur, sur laquelle il toucherait une dîme importante. D'aucuns se figuraient qu'il souffrait des infidélités de Beryl. Les imbéciles! Il y avait bien longtemps que les femmes ne l'intéressaient plus d'aucune façon. Armé d'une longue-vue, il scrutait le paysage s'offrant à lui et il eut un ricanement de satisfaction en surprenant le couple Tessa-Perry s'imaginant dissimulé aux regards du monde. Maître Geoffrey Groley abrégea son observation matinale pour aller décrocher le téléphone.

Quand Elizabeth entendit le notaire lui ordonner de réveiller sa maîtresse, elle protesta que Madame avait eu une nuit pénible, et qu'il n'était peut-être pas des plus indiqués de l'arracher à un repos à peine commencé. Mais Groley lui parla d'un événement si important qu'elle ne crut pas pouvoir refuser d'obéir.

Pamela accueillit la servante avec l'amabilité prévue. Après l'avoir accablée consciencieusement de toutes les épithètes qu'une lady puisse se permettre — et même quelques autres — elle consentit à écouter ce qu'Elizabeth avait à lui dire. Mais quand elle sut qu'elle devait ce réveil intempestif à son plus farouche ennemi, elle entra dans une rage folle et commença à jeter à la tête de sa servante tout ce qu'il lui tombait sous la main. Puis, trouvant sans doute que la vieille domestique ne pouvait être qu'une cible dérisoire pour une si grande colère, elle sauta hors du lit, enfila son peignoir et, sans même prendre la peine de chausser ses mules, fonça vers le téléphone. Son « Hello » ressembla davantage à un rugissement qu'à un appel et, au bout du fil, Geoffrey Groley jubila.

— Dites donc, espèce d'escroc, il ne vous suffit plus de m'avoir dépouillée, il faut encore que vous m'empêchiez de me reposer!

— Aimable dès l'aurore, à ce que je comprends?

— Je ne suis aimable qu'avec les gens que j'estime! Et vous, Geoffrey Groley, je vous méprise, vous entendez? Je vous méprise!

— J'entends, chère Mrs. Polgate...

— Alors, qu'est-ce que vous me voulez?

— Vous donner un conseil.

— Un conseil, vous?

— Je l'énoncerai simplement de cette façon : quand on se mêle de critiquer la femme d'autrui, il importe de s'assurer si sa propre fille ne se conduit pas comme une dévergondée.

— Pour ce mot, Geoffrey Groley, je vous tuerai!

Elizabeth qui écoutait sa maîtresse, se signa

— Si vous ne me croyez pas, allez donc voir vers les trois chênes et vous la trouverez dans les bras de Perry Clough.

La comtesse crut qu'elle perdait le sens, mais sa robuste complexion la privait de ces échappatoires bien commodes. Elle reposa l'appareil et se jeta dans la chambre de Tessa où elle ne vit que le lit abandonné. Elle poussa une sorte de feulement rauque et s'emparant d'une canne se précipita au dehors.

Perry jurait à Tessa, qu'il tenait étroitement serrée contre lui, qu'il n'y aurait jamais d'autre femme dans sa vie, lorsque Pamela Polgate, l'œil en feu, la lèvre tremblante, se dressa devant eux. La jeune fille poussa un cri d'épouvante. Perry se leva, gêné.

— Je vais... je vais vous expliquer...

— M'expliquer, hein? Espèce de sale petit suborneur! C'est votre ignoble père qui vous pousse à débaucher ma fille pour m'obliger au mariage et me voler une partie de ma fortune! Tous des tarés, voilà ce que vous êtes, les Clough! Jamais votre sang pourri ne se mélangera à celui des Polgate! Et d'abord de quel droit êtes-vous sur ma propriété? Je vous ferai arrêter!

Affolée, Tessa voulut défendre celui qu'elle aimait.

— Mammy...

— Vous, taisez-vous! Vous devriez mourir de honte si vous étiez quelqu'un de bien!

Ne pouvant laisser insulter sa bien-aimée, Perry retrouva une vigueur nouvelle et les protestations du garçon, les plaintes de la petite, les menaces de la comtesse firent un tel vacarme que Jill, passant à cheval sur la route, arriva au galop pour voir ce qu'il se passait. Du haut de sa monture, situation privilégiée, elle dominait le conflit et ne se gêna pas pour exprimer de son ton froid et méprisant, ce qu'elle pensait de Pamela Polgate. Comme à Waterloo, l'arrivée de Blûcher, l'apparition de Jill fit changer de camp à la victoire qui s'installa dans celui des Clough. La déroute du clan Polgate fut consommée lorsque, le fusil au poing, le colonel se montra. La comtesse dut battre en retraite en lançant de terribles imprécations contre ses adversaires.

Ayant appris que Pamela avait été avertie par le notaire, le colonel se précipita chez Groley, suivi de son fils et de sa fille. Ce fut encore une belle séance dont les échos arrêtèrent les passants sur la route de Plymouth.

⁂

Pendant que les notabilités de Colton-on-the-sea se disputaient comme des chiffonniers pris de boisson, l'inspecteur Donagh remis de ses fatigues, sa toilette achevée, descendait dans la grand-salle du *Renard rouge* où il trouvait Doris Mullion occupée à tout remettre en ordre avec l'aide de sa servante. Elle ne se montra guère aimable à l'endroit du policier qui ne parut pas s'en formaliser outre mesure, du moment qu'on acceptait de lui preparer le thé qu'il réclamait. Quand il eut bu, il congédia la domestique pour demeurer en tête à tête avec la propriétaire.

— Et maintenant, Mrs. Mullion, à nous deux!

— Qu'est-ce que vous voulez?

— D'abord vous persuader que vous auriez tort de jouer au plus fin avec moi, ensuite vous obliger à me dire où se cache ce monstre écossais!

— Vous ne me l'avez pas donné à garder, non?

— Parlez-moi sur un autre ton!

— Je suis chez moi et je parle sur le ton qui me plaît!

— Vous doutez vous, Mrs. Mullion, que je pourrais fermer cet établissement si je le voulais?

— Et pourquoi?

— Pour complicité avec un malfaiteur, votre ex-mari Bert Mullion?

— Que vous dites!

— Et complicité encore avec une autre canaille, cet Ecossais venu d'on ne sait où?

— Vous me faites rigoler!

— J'aimerais partager votre joie, Mrs. Mullion. Par exemple, si vous me confiiez pour quelles raisons, sous prétexte de présenter des moutons qui ne lui appartiennent peut-être pas, ce McNamara est venu s'installer au *Renard rouge* comme on vient à un rendez-vous? Ou bien si vous m'avouiez les motifs qu'ont vos ennemis de vouloir vous faire passer de vie à trépas en essayant de vous écraser? Ou bien encore, vous pourriez me révéler les raisons de ces tentatives de meurtre sur la personne du Highlander? Si j'étais au courant de tout cela, Mrs. Mullion, peut-être pourrions-nous rire ensemble?

— Ce n'est pas une perspective bien réjouissante, inspecteur.

— Vous vous fichez de moi, hein?

— Un peu... mais rien qu'un peu.

Robyn perdit soudainement patience. Empoignant Doris par les poignets, il se mit à la secouer :

— Allez-vous me dire où est l'Ecossais, oui ou non?

— Il est là, inspecteur.

Donagh lâcha Mrs. Mullion et se retourna pour voir l'Ecossais qui lui souriait du seuil de la porte.

— Vous!... Où étiez-vous?

— Cela ne vous regarde pas.

— Ah! c'est ainsi? Eh bien! je vous arrête!

— Vous plaisantez?

— Vous trouvez que j'en ai l'air?

Malcolm examina son vis-à-vis et conclut :

— Non, évidemment...

— Je vous arrête pour le meurtre de Bob Fitzmore et de David Burlton!

La sonnerie du téléphone interrompit le policier. C'est lui qu'on demandait. Il prit l'appareil, écouta, grogna un assentiment dépourvu d'aménité et raccrocha.

— Paraît que c'est Fitzmore qui aurait tué Burlton. Les balles qu'on a récupérées dans son corps, sont sorties du revolver de Fitzmore... Mais Fitzmore, lui, qui l'a supprimé?

— Je l'ignore.

— Bon... Je suspends votre arrestation. Mais ne vous avisez pas de filer sinon je lance un avis de recherche contre vous!

En même temps qu'il prononçait ces mots, Donagh se rappela ce qu'il avait demandé au superintendent Jones et les menaces de ce dernier. Il se sentit pris d'une soudaine faiblesse et sortit pour respirer un peu d'air frais et envisager la manière dont il devait s'y prendre pour annoncer au superintendent que l'Ecossais... loin d'être en fuite, se trouvait à Colton-on-the-sea et se promenait au vu et au su de tout le monde.

***

Doris était si heureuse du retour de McNamara qu'elle en oubliait les menaces pesant sur elle, tant de la part de la police que du côté de Stepney. Dans l'auberge fermée, Mrs. Mullion commençait à ne plus croire à sa chance. Elle prenait pour confident de ses soucis cet homme hors-mesure que, spontanément, elle jugeait digne de sa confiance. Elle lui raconta sa fuite de la ferme paternelle, ses mésaventures de Plymouth, sa rencontre avec Bert, sa joie lorsque ce dernier lui demanda de devenir sa femme.

— C'est pas que je l'aimais, mais il me rendait ma dignité, vous comprenez? Grâce à lui, je pouvais passer partout sans baisser le front...

Il remarqua gentiment.

— Chez votre père aussi.

— Oui, chez mon père... Là-bas, mes parents étaient fiers de moi... Il n'y avait plus de possibilité pour moi de revenir à la maison, sale comme je l'étais intérieurement... J'aurais eu trop honte... Lorsque je me suis vue dans cette auberge, j'ai cru que je prenais un nouveau départ et, dans un sens, la disparition de Bert m'arrangeait. Je n'avais plus à obéir à personne... J'étais sortie pour toujours du milieu...

— Et qu'est-ce qui n'a pas marché?

— Stepney s'est montré. Il m'a raconté que c'était avec son argent qu'on avait acheté le *Renard rouge,* que Bert se trouvait ici pour servir d'intermédiaire...

— Intermédiaire?

— Je n'ai pas très bien compris ce qu'il m'expliquait. Il semblait croire que j'étais au courant. Il paraîtrait qu'ici ou dans les environs, il y aurait quelqu'un qui détiendrait une marchandise illégale... Que si j'acceptais de recevoir un coup de téléphone de ce type m'indiquant l'endroit où il déposerait son colis, si j'allais le récupérer en mettant à la place une somme d'argent remise par

Stepney, on ne me ferait pas de misère. Stepney ou un de ses amis viendrait à l'auberge prendre livraison du colis.

— Et vous n'avez aucune idée de quelle marchandise il s'agit?

— Non, mais tout ce luxe de précautions me donne à penser que ça pourrait être de la drogue. Alors, si je suis prise, je finirai mes jours en prison... et ça, je ne le veux pas! Mais d'autre part, si je refuse de leur obéir, ils me tueront ou ils reprendront l'auberge d'une façon ou d'une autre.

— Ne vous en faites pas, petite, je suis là.

Elle lui sourit à travers ses larmes mais avec un brin de pitié. En dépit de sa force que pouvait-il contre des hommes aussi impitoyables que Danny Stepney?

— Ecoutez-moi, Doris...

Sans qu'elle en devinât bien la raison, le seul fait qu'il l'appelle par son prénom lui donna subitement la confiance qui lui manquait.

— ... Si le type téléphone, vous direz que vous êtes d'accord.

— Mais...

— Non. Il faut m'obéir en tout et pour tout si vous désirez garder le *Renard rouge* et vous débarrasser de Stepney.

Ce qui lui semblait impossible quelques secondes plus tôt, devenait soudain réalisable puisqu'il le disait.

— Figurez-vous, petite, que j'ai une dette envers Danny Stepney. Par deux fois il a essayé de me faire supprimer. Ça c'est le genre de choses que nous ne supportons pas à Tomintoul. Je vais le mettre hors circuit, Mr. Stepney et pour un sacré bout de temps.

*
* *

L'Ecossais gagna le carrefour et s'en fut sur le port. Il éprouvait le besoin de marcher.

Sur le quai, Malcolm rencontra l'inspecteur qui lui annonça :

— J'ai téléphoné à votre sujet. Paraîtrait que vous seriez bien un éleveur de moutons de Tomintoul. Dans ces conditions, filez en vitesse, je vous ai assez vu. Compris?

— Tantôt vous m'ordonnez de partir et tantôt vous me menacez de toutes les foudres de la police si je m'écarte tant soit peu de Colton-on-the-sea! Faudrait s'entendre! qu'est-ce que vous voulez au juste?

— Ne plus vous voir! Alors, je vous avertis pour la dernière fois! Si vous êtes encore là ce soir, je vous jure que vous le regretterez! A bon entendeur, salut!

L'Ecossais haussa les épaules et s'en fut se balader sur la plage qui prolongeait le port et s'étendait sous la falaise au sommet de laquelle se dressait le château de Pamela Polgate. Pour lui seul, afin, sans doute, de retrouver l'ambiance de son cher Tomintoul, il joua sur sa cornemuse *Loch Rannoch.* Plongé dans son rêve il ne prit pas tout de suite garde à l'arrivée de Jill Clough sur son cheval. La jeune fille passa devant lui au trot de sa monture, ne lui prêtant pas plus d'attention que s'il était un bloc de rocher tombé de la falaise. Par taquinerie, Malcolm souffla brusquement dans son instrument dont il sortit un son si effrayant que le cheval fit un écart et que sa cavalière, surprise, roula au sol. Le Highlander, embêté, se précipita pour l'aider à se relever mais elle était déjà sur pied, le visage convulsé par la colère.

— Vous trouvez ça intelligent, espèce de paysan? C'est le genre de distractions en usage dans votre patelin, hein? Crétin, Abruti!

La patience de McNamara avait des limites.

— Miss Clough, vous me semblez être une jeune fille odieuse et mal élevée. Chez nous, on ne voudrait pas de vous, même pour nettoyer les écuries!

En réponse, elle leva sa cravache et lui en flanqua un coup qu'il para du bras. Il eut l'impression d'être brûlé au fer rouge.

— Cette fois-ci, vous avez été trop loin, Miss, et vous allez recevoir la leçon que vous méritez depuis votre enfance, j'imagine.

Mettant un point d'honneur à ne pas appeler au secours, elle essaya de se défendre mais l'Ecossais eut tôt fait de l'immobiliser et la mettant sous son bras, lui appliqua la plus formidable fessée qu'une demoiselle de Colton-on-the-sea ait jamais reçue. Folle de rage et d'humiliation, Jill se répandait en injures et imprécations. Pour l'obliger à se taire, Malcolm entra dans la mer en la tenant toujours sous son bras et la lâcha lorsqu'il eut de l'eau à mi-jambes. Miss Clough se releva trempée jusqu'aux os mais ayant perdu, avec sa dignité, toute velléité offensive. Simplement, la bouche tordue par un rictus de haine, elle annonça :

— Je vous tuerai!

Il hocha la tête.

— Alors, dépêchez-vous car ils sont plusieurs à manifester la même intention.

Amusé, il la regarda enfourcher son cheval et

partir au galop, debout sur ses étriers car elle devait avoir l'assiette un tantinet douloureuse.

Malcolm passa une journée merveilleuse loin de tous, dans un soleil magnifique. Il écrivit longuement à Tomintoul qu'en dépit du beau temps de la côte sud, il regrettait ses Highlands. L'envie le tenailla de boucler ses valises et de repartir vers son pays où rien ne ressemblait à ce qu'on voyait ailleurs, mais les choses qui doivent être faites doivent être faites. C'était là l'essentiel de sa philosophie. Il se sentait si heureux de sa solitude face à la mer et dans le vent venant du large qu'il en oublia de déjeuner et ne réintégra Colton-on-the-sea qu'à la nuit tombée. Tout de suite, il se dirigea vers le *Renard rouge* où Doris lui préparerait un solide repas, à la mesure de son appétit.

La grande salle, ainsi que tous les soirs, était bien pourvue de clients assoiffés. Le docteur Buckler et le colonel Clough s'expliquaient en un match à deux aux fléchettes. Le notaire buvait sa ginger-ale vespérale et l'inspecteur Robyn Donagh tout en savourant son whisky, observait chacun d'un œil soupçonneux. Doris s'empressa auprès de McNamara et, en quelques instants, celui-ci eut sur sa table des pommes de terre, du jambon et des œufs avec un pot de thé. La vie lui parut alors plus belle et il se mit à manger de bel appétit.

Lorsque l'Ecossais eut terminé son repas, il alluma une cigarette et se leva pour aller voir de plus près les joueurs de fléchettes dont la partie se terminait à la confusion du médecin, l'adresse du colonel l'ayant emporté sur sa force. Buckler proposa une partie à l'homme des Highlands mais avant que ce dernier ait répondu, l'inspecteur criait :

— Un moment!

A son tour, Robyn Donagh se levait et s'approchait de Malcolm.

— Je croyais vous avoir ordonné de partir?

— Et alors?

— Je constate que vous ne m'avez pas obéi?

— Vous êtes clairvoyant.

— Puis-je vous demander pourquoi vous restez à Colton-on-the-sea?

— Parce que je suis un citoyen britannique, libre d'agir comme il l'entend.

— Pour le moment!

Le silence s'était fait et l'on suivait avec le plus vif intérêt la discussion des deux adversaires.

— Vous n'avez ni le droit ni le pouvoir de m'obliger à quitter Colton-on-the-sea.

— J'ai, en tout cas, le devoir de chercher les raisons de votre présence maintenant que le concours ovin pour lequel vous êtes soi-disant venu est terminé.

— Pas difficiles à deviner.

— Vraiment? Je serais curieux...

— Je suis un paisible éleveur de moutons. Je viens à Colton-on-the-sea ainsi que vous l'avez précisé pour montrer mon élevage, à Colton-on-the-sea où je n'avais jamais mis les pieds de mon existence. Pourtant, par deux fois on a essayé de me tuer. A Tomintoul, nous ne prisons guère ce genre de distractions. Aussi, je ne partirai pas tant que je n'aurai pas découvert la raison profonde de ces attentats et, si possible, mis la main sur celui qui semble vouloir absolument ma mort.

— Et vous vous figurez me convaincre?

— A Tomintoul personne ne se permettrait de mettre en doute la parole de Malcolm McNamara.

— Nous ne sommes pas à Tomintoul!

— Hélas!

Buckler se mêla au dialogue.

— Malcolm, à force de vous en entendre parler, vous me donnez l'envie de connaître Tomintoul. Comment est-ce?

McNamara ne savait pas parler de Tomintoul. Il ne trouvait jamais les mots qui convenaient.

— Des collines... avec des fleurs, l'été... des eaux vives qui descendaient vers la vallée et puis des moutons... Un vent pointu qui souffle d'un bout de l'année à l'autre. Un merveilleux silence...

Tous, l'écoutaient, attendris, ironiques aussi. On eût dit que ce grand diable parlait d'une femme aimée tant sa voix prenait des inflexions caressantes. A l'entendre, Doris devinait que nul au monde ne serait capable de lui faire abandonner son pays. A bout d'arguments, Malcolm prit sa cornemuse.

— Je vais vous expliquer ce qu'est Tomintoul...

Il joua pendant un quart d'heure et les plus obtus eurent l'impression que le vent pointu courbant l'herbe des « moores » se glissait dans la salle surchauffée, que l'odeur des fleurs sauvages leur montait aux narines, qu'ils pouvaient presque palper ce silence d'avant le monde et que troublaient, seuls, les bêlements des moutons.

Quand le Highlander s'arrêta, tous avaient compris ce qu'était Tomintoul.

*
* *

Doris dormait encore lorsque le téléphone sonna longuement, avec une insistance indiquant bien que le correspondant de Mrs. Mullion savait la présence de la jeune femme à l'auberge et ne se laisserait pas rebuter par l'attente qu'on lui imposait. La servante vint dire à sa patronne :

— C'est quelqu'un qui vous demande.

— Qui?

— J'sais pas. On a pas voulu dire de nom. Y a pas même moyen de deviner si c'est un homme ou une femme.

Tout de suite, Doris s'affola. Sans nul doute il devait s'agir de Stepney.

— Faites patienter. J'arrive.

Mais avant de descendre, elle alla dans la chambre de l'Ecossais pour lui apprendre ce qui se passait. Malcolm, dès qu'elle fut sortie, se vêtit à la hâte et la rejoignit assez tôt pour prendre l'écouteur. D'une voix étranglée, la jeune femme murmura :

— Hello?

— Mrs. Mullion?

— Oui.

— Vous êtes seule?

— Oui, qui est à l'appareil?

— Aucune importance, et de plus, il est préférable pour vous que vous ignoriez qui je suis, Mrs. Mullion, avez-vous réfléchi?

— A quoi?

— Au marché que vous a proposé Stepney?

— J'ai peur...

— Vous avez raison d'avoir peur de Stepney, Mrs. Mullion. C'est un homme qui n'est pas commode et qui a horreur d'être doublé... Or, en prenant possession du *Renard rouge* avec son argent — vous m'entendez, Mrs. Mullion? — avec son argent, vous lui avez joué un bien méchant tour... qu'il ne vous pardonnera pas. Votre seule chance de ne pas mourir jeune, Mrs. Mullion — et ce serait bien dommage — consiste à lui obéir. Qu'en pensez-vous?

— Je... Je crois que... vous avez raison.

— Je suis heureux de constater que vous vous montrez raisonnable, Mrs. Mullion... Alors, écoutez-moi bien : vous allez gagner le carrefour et partir sur la route de Plymouth. A la sortie du pays, il y a un petit chemin qui s'enfonce dans les terres sur votre gauche. Vous le suivrez jusqu'à un boqueteau que vous traverserez. Au moment où vous dépasserez le dernier arbre, vous verrez un sentier partant sur votre droite et longeant ce petit bois. Vous avancerez jusqu'à un gros chêne mort. Là, vous entrerez carrément sous le couvert jusqu'à ce que vous voyiez un groupe de quatre hêtres. Au pied de ce bouquet d'arbres, vous creuserez du côté d'où vous êtes arrivée et vous trouverez une caissette. Rassurez-vous elle est à moins de vingt centimètres. Vous la prendrez, ramènerez la terre sur le trou, la rapporterez chez vous et attendrez paisiblement qu'un homme vienne vous la réclamer. Pour se faire reconnaître de vous, il vous dira : « Le vent souffle dans la rade. » Ce sera tout. Sans doute vous remettra-t-il une enveloppe pour moi. Vous irez la porter dès demain matin là où vous aurez déterré la caissette et vous l'y enterrerez. Compris?

— Je... je crois.

— Répétez!

Doris répéta, se trompa une ou deux fois, fut immédiatement reprise par son correspondant anonyme.

— Parfait. J'espère, pour vous, que tout se passera bien. A une autre fois, Mrs. Mullion. Ah! j'oubliais, vous serez surveillée : alors n'essayez pas de nous jouer un mauvais tour qui serait votre condamnation immédiate. Bonne journée, Mrs. Mullion.

Contrairement à ce qu'elle espérait, l'Ecossais refusa d'accompagner Doris dans son expédition.

— Comprenez-moi, petite, vous avez affaire à des gens que nous ne connaissons pas. Ils peuvent donc vous épier tranquillement. S'ils me voient à vos côtés, ils comprendront vite. Faites ce qu'ils vous ont ordonné et rapportez la caissette. Je vous attends.

Moins d'une heure plus tard, Doris était de retour avec son colis dissimulé dans un cabas. Elle gagna aussitôt la chambre où le Highlander guettait sa venue.

— Alors?

— Tout a été comme on me l'a dit.

Elle posa son colis sur la table. Une petite caissette clouée grossièrement. Après l'avoir examinée, Malcolm décida :

— Eh bien, nous allons l'ouvrir.

— Ils s'en apercevront?

— Non. J'ai repéré l'emplacement des clous et je vais mettre des gants.

McNamara ôta le couvercle avec infiniment de soin et dans un papier huilé, Doris et lui découvrirent des liasses de billets d'une livre et de cinq livres.

Mrs. Mullion, stupéfaite, balbutia :

— Mais... mais qu'est-ce que... ça signifie?

Le Highlander prit deux ou trois billets qu'il examina par transparence.

— Des faux billets.

— Mon Dieu! C'était donc ça?

Malcolm glissa quelques-unes de ces fausses bank notes dans sa poche et referma soigneusement la caissette.

— Maintenant, il ne nous reste plus qu'à attendre le type de Plymouth.

Celui-ci se présenta vers sept heures. Il n'offrait aucune originalité susceptible d'attirer l'attention et Doris, tout comme l'Ecossais, eût été bien en peine de le deviner. Mrs. Mullion débouchait des bouteilles de Guiness lorsqu'un gentleman qu'on eût volontiers pris pour un fonctionnaire retraité, s'approcha du bar pour demander où se trouvaient les commodités, ajoutant en se frottant les mains :

— Le temps s'est rafraîchi ce soir. A Plymouth, depuis ce matin, le vent souffle rudement dans la rade.

Doris tressaillit mais se contrôla assez pour ne point regarder du côté de Malcolm. Sous prétexte de lui montrer l'endroit discret qu'il réclamait, elle fit passer le client dans la cuisine, puis dans une pièce servant de débarras et là, se tournant vers lui :

— Vous avez l'enveloppe que vous devez me remettre?

Il s'inclina :

— En échange d'une caissette.

Ils procédèrent à l'échange et le bonhomme retourna dans la salle où il finit sa consommation avant de se retirer discrètement. L'Ecossais qui avait compris et qu'un clin d'œil de Doris fortifia dans ses soupçons, sortit derrière l'envoyé de Stepney et le vit monter dans une voiture qui prit la route de Plymouth.

Vers neuf heures, au moment où la propriétaire du *Renard rouge* s'apprêtait à mettre tout le monde à la porte, Malcolm chuchota à Doris :

— Je file à Plymouth payer à Danny Stepney la dette que j'ai contractée envers lui.

CHAPITRE V

Malcolm McNamara arriva à Plymouth vers dix heures et tout de suite, gagna How Street où se situe *Le Pirate Borgne,* dirigé par Danny Stepney. La demoiselle du vestiaire marqua bien un certain étonnement en voyant ce colosse se présenter devant elle et, un instant, elle se demanda s'il allait mettre son kilt à un portemanteau. Elle voulut l'empêcher d'emporter sa cornemuse dans la salle mais presque aussitôt que lui venait à l'esprit l'intention de manifester cette interdiction, elle en mesurait l'inanité. On ne saurait raisonnablement interdire quoi que ce soit à une montagne en marche?

Le maître d'hôtel fit remarquer à l'Ecossais que sa cornemuse était inutile pour boire un verre et applaudir des chanteuses de tout premier ordre ou des strip-teaseuses comme on n'en voyait pas à Londres. Sur ce dernier point, Malcolm se déclara d'accord avec son interlocuteur, mais refusa absolument de se séparer de son instrument de musique. De guerre lasse, le maître d'hôtel abandonna la partie et ce, d'autant plus que l'attention de la salle commençait à se cristalliser sur le nouveau venu.

A peine le Highlander s'était-il installé à une table que Danny Stepney se présenta devant lui :

— Vous ne manquez pas d'un certain culot!

— Vraiment?

— Je vous serais obligé de foutre le camp et en vitesse!

— Pourquoi? Vous craignez que je n'aime pas le spectacle?

— Vous tenez à ce que je vous fasse sortir par mes videurs?

— Dans ce cas ce sera un beau match... et pas mal de matériel à remplacer.

Danny trépignait de rage. Se souvenant de la manière dont McNamara l'avait expulsé du *Renard rouge,* il réalisa les dommages qu'entraînerait un pugilat où son indésirable client se donnerait à fond. Il préféra capituler.

— Bon... ça va... Si vous vous conduisez bien, tout ira pour le mieux mais si vous vous avisez de créer le moindre scandale, vous vous apercevrez que nous savons être très... méchants quand il le faut!

Malcolm répondit dans un sourire :

— Moi aussi.

Tout en buvant des whiskies, qui se succédaient sur la table à une cadence emplissant le garçon d'une respectueuse admiration, le Highlander regardait se trémousser de pauvres filles sur la scène, écoutait des chanteuses qui étaient les seules à se persuader qu'elles possédaient un filet de voix et contemplait avec commisération, des effeuilleuses exhibant les tristes anatomies de filles ne mangeant jamais à leur faim. Et puis, brusquement, Malcolm en eut assez. Il cria à un chanteur qui s'époumonait vainement dans une romance sentimentale, d'aller se coucher, et décida de chanter à sa place, histoire de lui donner une leçon de solfège. Le public d'abord hostile, se mit à applaudir le géant. Ce public était essentiellement composé de marins, de filles et de gars dont la profession avait avantage à n'être pas clairement définie. Lorsque l'Ecossais les sentit bien en main, il commença par affirmer que ce radin de Stepney considérait sa clientèle comme un tas d'abrutis, d'arriérés mentaux, pour oser lui présenter un spectacle aussi mauvais que celui qu'il avait le culot de montrer. A son avis, ce Stepney était tout simplement un voleur. La plupart des consommateurs qui n'avaient pas encore payé leur seconde, troisième ou quatrième tournée et qui voyaient avec amertume venir le moment où ils devraient sortir le portefeuille, applaudirent vigoureusement le Highlander.

Danny, prévenu, se précipita sur McNamara :

— Qu'est-ce qu'il vous prend? Vous êtes fou ou quoi?

— Stepney, vous êtes la plus méprisable crapule que je connaisse, votre *Pirate borgne* est un damné coupe-gorge où l'on détrousse sans pudeur les pauvres gens qui ont envie de se distraire un brin!

L'assistance applaudit cette définition lui laissant entrevoir que, pour ce soir-là, on pourrait s'en tirer sans bourse délier. Hors de lui, Danny hurla :

— Foutez l'camp, sale Ecossais, foutez l'camp ou je vous crève!

Et pour appuyer ses dires, il sortit un poignard dont le déclic faisant jaillir la lame, imposa le silence. Malcolm n'hésita pas et, au moment où Stepney crut qu'il allait reculer, il lui fonça dessus, l'empoigna par son pantalon, le fit tourbillonner et l'expédia de toutes ses forces sur le groupe des videurs de la maison. Tout ce monde-là roula au sol. Profitant de l'enthousiasme déchaîné par son exploit, l'homme de Tomintoul hurla :

— Il a voulu nous voler notre argent! Eh bien! payons-nous sur le matériel!

Joignant la pratique à la théorie, il attrapa la table où il buvait et l'envoya se fracasser dans une des grandes glaces murales. Galvanisée, la clientèle du *Pirate borgne* se rua au massacre. Tout y passa : les fenêtres, les lustres, les tables, les sièges, le bar. Avec l'aide de l'Ecossais, le personnel de la maison reçut une raclée devant en faire diriger plusieurs sur les hôpitaux du port. Pour entraîner ses troupes, Malcolm monta sur la scène et joua *Will Ye No Come Back* dont les accents guerriers ranimèrent les ardeurs sur le point de se calmer. Danny Stepney s'arrachait les cheveux de désespoir, pleurait d'énervement et jurait à qui avait le temps de l'écouter qu'il ne connaîtrait pas le repos avant d'avoir fait découper en lanières ce fumier d'Ecossais. Ce dernier lui arriva dessus à l'instant précis où la police, enfin alertée, faisait irruption. Pendant que les flics calmaient les combattants en usant de leurs bâtons et tentaient de séparer les antagonistes, McNamara, tenant Stepney par le cou, lui chuchotait à l'oreille :

— C'est bien ce que vous vouliez faire au *Renard rouge*, hein?

L'autre, à moitié étranglé, eut quand même la force de répliquer :

— Ce... ce n'est que par... partie remise.

— Remise à... vingt ou trente ans, à mon avis.

L'inspecteur Bodingham remarqua cet étrange couple et cria :

— Eh là! Vous deux! Qu'est-ce que vous fabriquez?

L'Ecossais répondit gentiment :

— Rien, monsieur l'inspecteur, j'étais juste en train de l'étrangler.

— Seigneur! mais nous sommes dans un asile!

Suivi d'un agent, Bodingham grimpa à son tour sur la scène et intima l'ordre au Highlander d'abandonner sa victime.

— Qu'est-ce que cela signifie, tout cela, Stepney?

Se massant le cou, le patron du *Pirate borgne* répondit :

— C'est ce type... Il est venu pour tout foutre en l'air chez moi!

Sévère, le policier se tourna vers l'Ecossais.

— Exact?

— Exact!

— Et pourquoi cette volonté de destruction si je ne suis pas trop indiscret?

— Parce que votre Stepney a essayé de me faire descendre à Colton-on-the-sea.

— Comment cela?

— Deux voyous à ses ordres qui, par deux fois, m'ont attaqué... La première fois, j'ai été surpris et je n'ai trop rien dit. La seconde fois, je me suis fâché.

— Et alors?

— Et alors, ils n'ont plus qu'à espérer que quelqu'un veuille bien prier pour le repos de leur âme mais, à mon avis, c'est du temps perdu.

Bodingham examina le visage de McNamara.

— Naturellement, vous ne vous fichez pas de moi?

— On ne se moque pas de la loi et de ceux qui la représentent, à Tomintoul.

— Où ça?

— A Tomintoul.

— Qu'est-ce que c'est? Un patelin?

— Là où j'habite, dans les Highlands.

— Admettons... mais tout cela n'explique pas pourquoi vous étiez en train d'étrangler Stepney?

— Parce qu'il me menaçait de son pistolet!

L'inspecteur devint mauvais :

— Si vous avez un pistolet, Stepney, les choses vont très mal tourner pour vous!

Danny protesta :

— Vous savez très bien que je n'ai jamais d'armes sur moi...

Malcolm cria :

— Menteur! Regardez, inspecteur, cette bosse dans sa poche!

Avant que Stepney ait eu le réflexe d'y porter la main, Bodingham fouillait ladite poche et en sortait un paquet de livres neuves. Il en siffla d'étonnement.

— Eh bien! dites donc, les affaires marchent à ce que je constate?

Raidi en un état semi-cataleptique, Stepney ne pouvait détacher les yeux de ce paquet de fausses bank-notes. Perdant complètement pied, il ne parvenait pas à comprendre comment cet argent se trouvait dans sa poche alors qu'il n'avait pas encore ouvert la caissette reçue de Colton-on-the-sea. Tandis que le policier, par acquit de conscience, examinait un des billets à la lumière d'une lampe, Danny se rappela que l'Ecossais avait parlé d'une partie remise à vingt ans... Il regarda son ennemi et son air trop indifférent lui fit comprendre que c'était lui qui avait glissé la fausse monnaie dans sa poche. Mais, où se l'était-il procurée?

Bodingham ne laissa pas au propriétaire du *Pirate borgne* le temps de réfléchir plus avant.

— Hello! Danny, ces billets sont faux... Vous ne le saviez pas?

— Faux? Impossible!

— Ne faites pas l'idiot, mon vieux! Vous ne persuaderez personne qu'un type de votre espèce ait pu croire un seul instant que cette camelote grossière soit de la monnaie légale. Vous êtes dans le pétrin jusqu'au cou, mon vieux. Va falloir nous confier de qui vous les tenez, hein? En attendant, allons un peu perquisitionner tous les quatre dans votre bureau, si toutefois vous n'y voyez rien à redire?

— Je... je suis fatigué... J'ai besoin de dormir.

— Comptez sur la compréhension des juges de Sa Gracieuse Majesté pour vous permettre de vous reposer un bon nombre d'années, à l'abri des intempéries. Ça devait vous arriver un jour ou l'autre, Stepney, il y a si longtemps que nous vous soupçonnons d'être à la tête de ce trafic de fausse monnaie... Que cela ne vous empêche pas de garder le sourire, hein?

Lorsque Malcolm McNamara quitta Plymouth, c'était déjà le matin et Stepney goûtait les premières heures d'une captivité qui s'annonçait longue, la fameuse caissette ayant été découverte.

*
* *

La première personne que Malcolm rencontra en réintégrant le *Renard rouge* fut l'inspecteur Donagh.

— Je vous attendais, McNamara.
— C'est bien bon à vous.
— On m'a téléphoné de Plymouth et, incidemment on m'a mis au courant de vos exploits de cette nuit.
— Amusant, non?
— Ah? vous trouvez? Mais vous prenez place parmi les calamités publiques, mon cher! Partout où vous passez, c'est le désastre, la bagarre.
— On me cherche toujours querelle.
— Bien sûr... et vous ne vous étiez pas rendu au *Pirate borgne* pour créer quelques tracas à Danny Stepney, peut-être?
— Si et je dois avouer que le résultat a dépassé mes espérances...
Baissant la voix, il ajouta :
— ... Vous a-t-on raconté qu'il fabriquait de la fausse monnaie?
Robyn prit un air supérieur.
— Par pitié, n'allez surtout pas vous prendre pour un détective amateur capable d'en remontrer à la police! Stepney ne fabriquait pas de la fausse-monnaie, il en écoulait, nuance! Maintenant, vous rentrez à Tomintoul, j'imagine?
— Bientôt.
— Et pourquoi pas tout de suite?
— Une supposition qu'un indiscret vous le demande, vous répondrez que vous n'en savez rien et ce ne sera pas un mensonge.
L'inspecteur partit sans pouvoir dissimuler sa mauvaise humeur et en mettant une fois encore l'Ecossais en garde :
— N'exagérez pas, mon garçon, ma patience a des limites et vous m'avez causé assez d'ennuis comme cela!

Ayant appris le retour du Highlander, Doris guetta le départ du policier pour se montrer.

— Je suis si heureuse qu'il ne vous soit rien arrivé de fâcheux! Et Stepney?

— Stepney ne vous ennuiera plus. Il n'ennuiera plus personne, d'ailleurs, il est en prison pour très, très longtemps. Seulement petite, vous n'êtes pas encore tirée d'affaire car il y a l'autre, celui du téléphone et tant que je ne lui aurai pas mis la main dessus, je n'oserai pas vous laisser.

— Parce que vous comptez repartir à Tomintoul?

— Bien sûr...

— Je... enfin, j'espérais... que... que vous vous plairiez ici... et peut-être que vous accepteriez de diriger le *Renard rouge* avec moi...

— Ecoutez-moi, petite...

— Non, ne dites rien... Je préfère ne pas entendre ce que vous avez à me dire. Tant que vous resterez ici, je me figurerai que vous êtes là pour toujours, que vous m'aimez et que nous pourrons former un couple heureux... Même si vous devez partir dans vingt-quatre heures, laissez-moi rêver pendant ces vingt-quatre heures... Au lieu de vous occuper de savoir quel est celui qui téléphone, demeurez près de moi, je vous en prie, parce que, lorsque vous aurez repris la route, je me ficherai pas mal de ce qui pourra m'arriver!

— Vous n'êtes pas raisonnable, Doris.

— Il ne faut pas exiger que les gens malheureux soient raisonnables. Leur seule ressource pour échapper à leur peine est justement de se moquer de la raison. Ce sont les pauvres qui rêvent, pas les riches. Voyons, avez-vous oublié votre jeunesse? Ne vous rappelez-vous plus que les princes charmants épousent des bergères et non des filles de roi?

L'Ecossais ne savait plus trop que faire ni que dire. Il se sentait impuissant devant ce désespoir sans éclat. Il posa sa grosse main sur l'épaule de la jeune femme.

— Vous m'êtes très sympathique, Doris... mais il y a les choses possibles et les autres...

— Je ne voudrais pas pleurer devant vous... et... et je crois bien que je vais pleurer quand même.

— Excusez-moi, je dois rencontrer le constable... A tout à l'heure.

Il sortit précipitamment et elle lui sut gré de la laisser seule en cet instant.

*
* *

En s'éloignant du carrefour, dans la direction du bureau de police, Malcolm rencontra Beryl Groley plus épanouie que jamais. Ce fut elle qui l'arrêta :

— Oh! Mr. McNamara, on m'avait annoncé votre départ et j'en étais désolée!

— Je suis confus...

— J'ai des secrets très importants à vous confier.

— Des secrets?

Elle eut un rire d'enfant.

— Me croiriez-vous incapable d'avoir des secrets? S'ils vous intéressent venez me rejoindre dans le parc de la comtesse Polgate, là où vous avez abattu ces mauvais hommes... Je vous y attendrai dans une demi-heure. Je compte sur vous.

Elle s'enfuit avant qu'il ait eu le temps de lui répondre.

*
* *

Ambrose Thorps peinait sur un état « néant » où il s'appliquait à écrire en lettres moulées qu'il ne se passait plus rien de digne d'être noté à Colton-on-the-sea. Il accueillit le Highlander de la manière dont on reçoit quelqu'un susceptible de vous arracher à l'ennui. Il était au courant de l'arrestation de Stepney et ne fit aucune difficulté pour apprendre à Malcolm que toute l'affaire avait été déclenchée par le pasteur Wool découvrant un faux billet dans le tronc destiné aux offrandes pour l'entretien de l'église.

— Et comment l'inspecteur Filton a-t-il été dirigé sur le *Renard rouge* et Bert Mullion?

— Je l'ignore et je crois que personne n'est au courant, l'inspecteur étant mort sans s'être confié à personne. A mon avis, Filton a eu tort de vouloir faire cavalier seul... S'il m'avait touché un mot de sa découverte, je l'aurais accompagné et peut-être, serait-il encore en vie? Mais vous savez ce que c'est, nous autres, flics des petites agglomérations, on nous méprise... On nous tient pour des incapables.

Profitant de ce qu'il tenait un auditeur bénévole, Ambrose en profitait pour exhaler une rancune amassée depuis des années. Cela lui était d'autant plus facile que son visiteur ne l'écoutait pas.

*
* *

Poussé par la curiosité l'Ecossais était allé au rendez-vous donné par Beryl Groley. Il trouva la femme du notaire à l'endroit fixé et quand il se présenta devant elle, elle le prit par la main et l'entraîna aux limites du parc Polgate, tout près de la prairie séparant le bois du colonel du domaine de la comtesse.

— Mr. McNamara, il y a douze ans que j'ai épousé maître Groley, douze ans que je vis à Colton-on-the-sea, douze ans que je m'ennuie à mourir, douze ans que j'attends l'homme capable de m'offrir une existence nouvelle!

— Et votre mari?

Elle haussa dédaigneusement les épaules.

— Pour Geoffrey, il n'y a que l'argent qui compte. Il est prêt à me laisser partir quand je voudrai pourvu que je ne lui réclame pas ma dot. Mr. McNamara, emmenez-moi!

— Où cela?

— Où vous voudrez! Je vous suivrai les yeux fermés!

— Il serait préférable que vous les ouvriez et que vous regardiez la réalité en face. Je ne suis qu'un éleveur de moutons vivant dans un bled perdu, au milieu des Highlands. Que feriez-vous là-bas? Vous vous ennuieriez encore plus qu'ici. Vous n'êtes plus une enfant Mrs. Groley et vous n'ignorez pas que les mensonges les plus séduisants ne résistent guère à l'existence quotidienne?

— Je suis donc condamnée à jamais?

Elle aurait été une exécrable comédienne.

— Cela dépend de vous seule.

— Alors, vous ne voulez pas de moi? Vous préférez cette tenancière d'auberge?

— Mrs. Groley, je crains que vous ne contrôliez pas vos paroles!

Beryl se mit à crier et l'inspecteur Robyn Donagh se montra. Son apparition arrêta le flot d'imprécations que Mrs. Groley répandait sur tous les McNamara du monde. Le policier interpella rudement l'Ecossais :

— Importuneriez-vous cette lady, par hasard?

Beryl assura que le Highlander la poursuivait de propositions déplacées. Malcolm se contenta de remarquer que cette dame devait avoir le cerveau dérangé pour raconter de pareilles absurdités. Il affirma que c'était elle qui lui avait donné rendez-vous pour lui confier des secrets. Ce à quoi, Beryl répliqua que si elle possédait des secrets, elle ne les partagerait sûrement pas avec une espèce de paysan sentant la crotte de mouton! Malcolm se retenait pour ne pas gifler la pécore. Il s'en prit à Donagh :

— Combien de fois faudra-t-il vous répéter que vous m'embêtez, inspecteur? A quoi rime cette façon de me suivre? D'écouter les propos de cette folle connue dans le pays pour la liberté de ses mœurs?

Poussant un cri de stupeur indignée, Beryl voulut gifler l'Ecossais qui lui attrapa le bras au passage et la repoussa brutalement. Le policier remarqua :

— Vous avez de la chance que je sois moins fort que vous!

Attiré par le bruit de la dispute, Geoffrey pointa bientôt son museau de fouine pour s'enquérir de ce qui se passait. Avec une mauvaise foi que les minutes renforçaient, sa femme raconta l'aventure à sa manière. Le notaire déclara au Highlander qu'il se conduisait de façon indigne et qu'il se verrait sans doute dans l'obligation de lui intenter un procès afin d'obtenir des dommages et réparations.

McNamara répondit en enlevant le notaire et en le suspendant à une branche de chêne. Maître Groley se mit à couiner comme un goret qu'on maltraite. Donagh somma Malcolm de retirer Goeffrey de sa situation ridicule et inconfortable. L'Ecossais se contenta de répondre tranquillement :

— Il m'a insulté... Sa garce de femme m'a attiré dans un piège, qu'ils se débrouillent tous les deux.

A son tour, la châtelaine survint et commença par demander à la cantonade qui avait donné l'autorisation de pénétrer sur ses terres. A cet instant, elle vit le notaire dans son étonnante position et éclata de rire :

— Alors, Groley, vous avez un avant-goût du gibet que vous méritez depuis si longtemps?

L'inspecteur essaya de rallier Pamela à son camp.

— Il faut que vous sachiez, madame, que cet individu à moitié sauvage a poursuivi Mrs. Groley jusqu'ici pour lui faire les propositions les plus déshonnêtes...

— Cela m'étonnerait!

— Pardon?

— Je dis : cela m'étonnerait de voir cette traînée de Beryl fuir devant des propositions déshonnêtes! Tout le monde, ici, sait que sa vertu est à mettre au compte des légendes et des histoires de fées! Aussi quand j'apprends qu'on a trouvé la femme du notaire avec un homme dans un endroit caché, je puis jurer que c'est elle qui l'y a entraîné. Et sur ce, déguerpissez tous tant que vous êtes! Décrochez-moi ce crétin risquant de me casser une branche, et vous, Beryl, arrangez-vous pour que je ne vous revoie pas dans mon parc, sinon c'est à coups de fourche que je vous obligerai à en sortir!

Pour plaire à Pamela, Malcolm ramena le notaire sur terre. Sitôt que ce dernier eut posé les pieds sur le sol, il injuria l'Ecossais et dit à la comtesse qu'elle avait calomnié Beryl devant témoins et qu'il lui ferait un procès. Sans répondre, Pamela Polgate s'avança vers maître Groley et lui donna un joli soufflet, en annonçant :

— Voici un acompte en attendant ma condamnation!

L'inspecteur Donagh se précipita sur la comtesse, criant :

— Vous n'avez pas honte de vous conduire ainsi?

— C'est à moi que vous parlez de la sorte?

— Et à qui voulez-vous que ce soit?

En réponse, la comtesse leva sa canne.

— Si dans cinq secondes vous n'êtes pas tous partis, je cogne!

— Au nom de la loi...

— Sur cette terre, la loi c'est moi!

Beryl poussa un cri étouffé et s'écroula lentement au sol, évanouie. Le notaire gémit :

— Voilà ce que vous avez fait? Vous êtes contente, hein, espèce de folle! Vous ne savez pas que ma femme a le cœur fragile?

Pamela Polgate eut un gloussement abominablement vulgaire.

— Le cœur fragile?

Elle se pencha sur la blonde apparemment privée de sentiment.

— Finissez donc cette peu ragoûtante comédie, Beryl... Croyez-vous décent de montrer à tout le monde que vous souffrez de cellulite?

Mrs. Groley, rouge de colère, se redressa brusquement :

— Espèce de menteuse! je n'ai pas de cellulite! Seulement, vous me détestez, parce que tout le monde me trouve mieux faite que vous!

— Vous avez sûrement mis beaucoup plus de gens que moi à même d'établir leur opinion!

Beryl répliqua sur le même ton et bientôt les deux femmes échangèrent des propos qui eussent fait rougir des harengères, se récitant mutuellement — pour s'en accabler — le palmarès de leurs amours inventées. Il n'y avait plus d'issue à cette scène sinon un pugilat général, lorsqu'une voix grave s'enquit :

— Que se passe-t-il donc, ici?

Le colonel Clough entrait dans la ronde, le fusil à la main. L'inspecteur soupira :

— Ah! monsieur, je n'aurais jamais cru que des gens appartenant à la gentry de Colton-on-the-sea pouvaient se conduire de la sorte! C'est positivement honteux!

La comtesse s'apprêtait à répliquer, mais le colonel la devança :

— Je pense qu'il doit y avoir un malentendu à la base de tout ceci... Laissons-nous le temps de réfléchir. Je vous emmène, inspecteur, et vous aussi, McNamara... Vous devriez rentrer chez vous avec votre femme Groley.

— Je n'ai pas de conseil à recevoir de vous!

Néanmoins, le notaire ordonna à sa femme :

— Rentrez, Beryl! Nous nous expliquerons!

Très vite, la comtesse resta maîtresse du champ de bataille et contente d'elle-même, elle repartit vers le château en sifflant une chanson gaillarde.

*
* *

— Voyez-vous, McNamara, je suis navré pour la scène grotesque à laquelle vous avez été involontairement mêlé...

L'inspecteur les ayant abandonnés pour vaquer à ses affaires, Hilary Clough recevait l'Ecossais chez lui. En tête à tête, dans le bureau du colonel, ils buvaient du whisky.

— ... Mais je ne voudrais pas que vous nous croyiez fous les uns et les autres. Simplement, mon cher, nous nous offrons la comédie.

— Je ne comprends pas?

— Tous, nous nous ennuyons à Colton-on-the-sea où la modicité de nos revenus nous oblige à vivre. Nous nous efforçons de donner le change aux autres et à nous-mêmes par ces querelles auxquelles nous finissons par croire... Sans doute, ne nous aimons-nous pas, cependant pas au point où vous pourriez l'imaginer en nous écoutant. Pamela souffre d'être seule et parce que tout le pays a les yeux fixés sur elle, elle est contrainte de mener une existence puritaine. Elle en souffre et se défoule dans des cris et des injures. Beryl trompe son mari avec n'importe qui et Goeffrey en souffre peut-être. Mais il ne saurait s'en prendre à elle, de crainte de donner droit de cité à tous les racontars graveleux courant sur sa femme, alors il supporte. Lui aussi, se libère dans des cris adressés à d'autres.

— Et vous-même?

— Moi? En perdant Dorothy, j'ai tout perdu. Mon fils Perry est un gentil bon garçon, incapable de faire quoi que ce soit pour gagner sa vie.

Quant à ma fille Jill elle en veut au monde entier de vivre à l'écart de tout et de tous. Elle sait, comme je le sais, comme tout le monde le sait, qu'elle deviendra une vieille fille hargneuse vouée à une solitude sans espoir. Pour moi, je vis dans l'angoisse d'un fléchissement boursier diminuant mes revenus. Je ne pourrais plus tenir le coup... Alors, je préfère ne pas songer à ce qu'il arriverait. Voilà pourquoi je passe mes nerfs sur ce qui m'en offre l'occasion!

— Mais Tessa Polgate ne vous a rien fait? Elle aime votre fils qui l'aime. Pourquoi ne les laissez-vous pas se marier?

— Mon pauvre ami, Pamela n'a pas les moyens d'offrir à sa fille la dot sur laquelle la petite croit pouvoir compter. De mon côté, je ne saurais donner quoi que ce soit à mon fils. Nous ne pouvons, la comtesse et moi, dépenser ce dont nous avons besoin en une cérémonie luxueuse attendue par tout le monde à cette occasion. Enfin que deviendrait le jeune ménage, sans argent, sans situation?

Il eut un ricanement amer.

— Je ne sais pourquoi je vous raconte tout cela. Peut-être pour vous montrer que ces notables si enviés sont, parfois, et quoi qu'on puisse se figurer, plus malheureux que ceux qui les envient. Mais, assez parlé de nos soucis... Et vous, McNamara, pour quelle raison restez-vous parmi nous au lieu de regagner votre Tomintoul dont vous nous avez donné la nostalgie au *Renard rouge*?

— Eh bien! Je dois avouer qu'à force d'élever des moutons j'ai hérité leur entêtement. J'étais venu à Colton-on-the-sea pour présenter mes bêtes et, par deux fois, on a essayé de me tuer sans que j'en puisse deviner la raison. Alors, j'ai décidé de demeurer sur place jusqu'à ce que j'en aie trouvé l'explication et découvert celui qui me jugeait de trop sur la terre. Il s'agissait d'un nommé Stepney, tenancier d'une boîte dans How Street, à Plymouth. Hier soir, je l'ai eu et il va pourrir dans les prisons de Sa Majesté car pour ne rien vous cacher, il s'occupait de fausse monnaie à ses moments perdus.

— De fausse monnaie? Alors, cette histoire qu'a racontée le pasteur...

— ... était vraie. Mais Stepney n'était qu'un distributeur, le faux monnayeur est à Colton-on-the-sea ou dans les environs.

Clough regarda son hôte d'un air incrédule.

— Vous êtes certain de ce que vous avancez?

— Absolument.

— C'est proprement incroyable! Enfin, j'imagine que pour se livrer à ce travail, il faut des qualités de dessinateur, de graveur... et que cela suppose toute une installation matérielle?

— Je ne suis pas versé dans la question mais il me semble qu'une simple presse à bras doit suffire si on a les planches.

— Les planches?

— Les plaques où sont gravés les billets.

Le colonel hésita un moment avant de poursuivre.

— Pardonnez-moi, mais en quoi cela vous intéresse-t-il?

— Parce que je suis un sentimental. A Tomintoul, on répète que j'ai le cœur le plus tendre de tous les Highlands.

— Vous m'excuserez, mais je ne vois pas le rapport?

— J'ai beaucoup d'affection pour Doris Mullion...

— Je vous comprends. Moi-même, je la trouve charmante et je crois bien que si j'étais plus jeune, je lui ferais la cour au risque de marcher sur vos brisées, mon cher!

— Mon affection pour Doris est tout à fait désintéressée. Ma vie est ailleurs qu'à Colton-on-the-sea. Seulement la bande à Stepney n'a pas été éliminée avec son chef... D'autre part, tant que le faux monnayeur n'est pas démasqué, Doris est en danger.

— Mais pourquoi, Seigneur?

— Rappelez-vous la mort de son mari et de l'inspecteur de police venu l'arrêter. Rien que cela indique qu'elle est dans le bain, à son insu vraisemblablement. Je suis sûr que si elle se rappelait exactement ce qu'elle a vu ou entendu dans les heures qui ont précédé la fin de Bert Mullion, tout irait très vite. Malheureusement, je ne puis compter sur personne. L'inspecteur Robyn Donagh est un sot plein d'idées préconçues. Le docteur Buckler est un brave type qui croit avoir tout fait lorsqu'il a gueulé ou cogné et je ne me sens pas le courage de repartir à Tomintoul en laissant Doris exposée à une terrible menace.

Hilary tendit la main à son hôte.

— Vous me plaisez, McNamara... Comme vous le savez, je suis un ancien officier. Voulez-vous me prendre pour second? J'en serai très honoré et ce me sera une occasion de faire la cour, à ma façon à Doris?

— D'accord!

*
* *

Pendant que le colonel employait son après-midi à dresser une liste de tous les habitants de

Colton-on-the-sea qui, au cours de leurs études, avaient manifesté des dispositions pour le dessin ou que la renommée douait d'un bon coup de crayon, Malcolm s'en allait jouer de la cornemuse sur la plage car cela était pour lui, le seul moyen de réfléchir en paix. Il avait le sentiment que ses idées suivaient le rythme allègre de la musique.

Appuyé contre la falaise, le visage baigné par les embruns, les yeux clos, l'Ecossais jouait, ayant perdu le sens du temps et la notion d'espace. Il se sentait seul dans un monde abandonné. Il s'en trouvait magnifiquement heureux.

— Bonjour, Mr.McNamara.

Surpris, le Highlander cessa de jouer pour répondre à Jill Clough qui, du haut de son cheval, le regardait.

— Bonjour, Miss Clough.

— Vous ne m'en voulez pas trop de vous importuner?

— Vous êtes assez jolie, Miss, pour être sûre de ne jamais importuner, surtout lorsque vous faites preuve d'amabilité.

Au lieu de se facher, elle se mit à rire et vint rejoindre Malcolm auprès duquel elle s'assit dans le sable.

— Mr. MacNamara... Ne croyez-vous pas que je ne sache pas que je me rends odieuse à tout le monde. Si vous pouviez comprendre...

— Je comprends, Miss. Votre père a eu un entretien très confiant avec moi ce matin.

— Oh! mon père...

Elle eut un haussement d'épaules.

— Vous ne l'aimez pas?

— Si, mais l'affection n'empêche pas de juger... malheureusement. Pourvu qu'il puisse aller à la chasse tous les jours, le reste n'a aucune importance, ni son fils qu'il n'a pas le courage d'obliger à travailler, ni moi dont le sort lui importe peu. Il vit pour lui, et pour lui seul. Moi, j'étouffe à Colton-on-the-sea où les ragots constituent la seule distraction.

— Pourquoi ne partez-vous pas?

— Pour aller où? De plus, je n'ai pas d'argent...

Après un silence elle ajouta :

— Mr. McNamara, mon père m'a parlé de votre pays... Il paraît que vous leur avez raconté...

— Je ne pense pas leur avoir dit grand-chose... J'ai surtout joué ce que je ressens lorsque je pense à Tomintoul...

— Mr. McNamara, voulez-vous me pardonner mon attitude de ces derniers jours?

— A condition que, de votre côté, vous me pardonniez ce à quoi je me suis laissé aller?

— Entre nous, je crois que j'avais besoin de votre remède... brutal.

Ils rirent tous deux et le Highlander trouva que Jill était fort jolie lorsqu'elle abandonnait sa mine renfrognée.

— Sommes-nous amis, maintenant, Mr. McNamara?

— Je vous l'assure.

— Alors... pour me prouver que vous ne me tenez plus rigueur... parlez-moi de Tomintoul?

Il prit sa cornemuse et se mit à jouer. Il joua longtemps et quand enfin, il s'arrêta, Jill pleurait.

— Mr. McNamara, emmenez-moi à Tomintoul!

*
* *

Vers cinq heures, l'Ecossais retourna au *Renard*

rouge et emmena Doris dans sa chambre pour conférer avec elle.

— Que se passe-t-il, Malcolm?

— J'ai bien réfléchi à ce qui nous préoccupe... Quand vous êtes venue pour la première fois à Colton-on-the-sea, qu'avez-vous fait?

— J'ai accompagné Bert, ici. Il avait rendez-vous avec Frank Andrews, le propriétaire.

— Vous êtes restée avec eux?

— Pas tout le temps. Leurs histoires m'ennuyaient. Je suis allée me promener.

— Vous souvenez-vous des endroits où vous êtes allée?

— A travers les rues et puis, oh! oui, je me rappelle, à l'église.

— Pourquoi?

Elle rougit un peu :

— Pour prier et remercier le Seigneur de me donner l'occasion de recommencer ma vie. J'ai même glissé une livre dans le tronc destiné à l'entretien de l'église.

McNamara prit les mains de la jeune femme dans les siennes.

— Attention, Doris. Ceci est très important : ce billet d'une livre, d'où vous venait-il?

Elle hésita, terriblement gênée.

— Vous... vous allez me mépriser, Malcolm... je l'avais chipé avec quelques autres dans un portefeuille de Bert.

— Ces autres billets d'une livre, qu'en avez-vous fait?

— Je les ai donnés, sauf un, à l'inspecteur Filton qui me connaissait. Il aimait bien les billets neufs. Il m'a donné des billets usagés en échange.

Et voilà... Pauvre Doris qui ne saurait jamais

qu'avec cet échange, où elle n'avait point vu de malice, elle avait condamné son mari.

— Vous m'avez dit : sauf un...

— Oui, celui-là je l'ai échangé contre de la monnaie pour boire une bouteille de coca-cola à un distributeur automatique.

— Qui vous a donné cette monnaie.

— Un gentleman à la voix douce... Je n'ai guère prêté attention à son visage.

— Vous le reconnaîtriez?

— Il faudrait que je réfléchisse...

— Eh bien! réfléchissez, Doris, car, à mon avis, ce type qui vous a fait de la monnaie, c'est celui qui vous a téléphoné pour vous envoyer chercher la caissette.

*
* *

Ambrose Thorps n'était pas au bureau de police mais chez lui où les pieds dans ses pantoufles, il se reposait avant le dîner. Mildred se montra plus aimable que lui lorsque le Highlander se présenta. Avant même que son mari ait pu donner son opinion, Mrs. Thorps invita l'Ecossais à partager leur dîner et tout aussitôt, elle s'affaira à son fourneau pendant que Malcolm buvait le whisky qu'à contrecœur, le constable — au nom de l'hospitalité anglaise — s'était cru obligé de lui offrir.

— Mr. Thorps, je suis venu vous demander quelque chose. Vous étiez présent lorsqu'on a découvert le corps de l'inspecteur Filton?

— Oui, c'était un bien triste spectacle...

— Vous rappelez-vous si on a trouvé des faux billets d'une livre dans ses poches?

— Sûrement pas. J'ai même l'inventaire de tout

ce qu'il avait sur lui. Pas de faux billets, ça je peux vous l'assurer. Pourquoi?

— Parce que je souhaiterais comprendre pour quelles raisons, il a arrêté Bert Mullion...

Le constable eut un sourire finaud :

— Vous me semblez vous intéresser bougrement à cette jolie veuve, hein?

L'arrivée de l'inspecteur Donagh évita à McNamara de répondre. Robyn, à la vue de l'hôte d'Ambrose, ne cacha pas sa mauvaise humeur.

— C'est parfait, constable! Voilà que maintenant vous buvez avec un suspect?

— Suspect de quoi?

— Ça ne vous regarde pas! Contentez-vous de savoir qu'il est suspect puisque je le déclare tel!

Mildred abandonna son fourneau.

— Vous allez encore prétendre que je me mêle de ce qui ne me regarde pas mais croyez-moi, il ne faut pas être bien malin pour se figurer que cet homme est un mauvais homme! Pourquoi vous ne lui fichez pas la paix?

— Si on vous le demande, Mrs. Thorps...

— Je sais, je sais, mais au lieu d'en vouloir à tout le monde, vous feriez mieux de boire un verre avec eux en attendant de dîner avec nous. Je fais des crêpes!

— Des crêpes!

L'inspecteur éprouvait une inclination certaine pour les crêpes, inclination qui, après un court débat l'emporta sur son aversion pour l'Ecossais. Il but le whisky avec le constable et son suspect, puis il fit largement honneur au dîner de Mrs. Thorps et vers dix heures du soir, tout le monde se montrait d'une gaieté exhubérante. Donagh commençait à trouver McNamara plus sympathique qu'il ne l'avait jugé. Avec cette familiarité que donne l'alcool il demanda à Malcolm :

— Entre nous, mon vieux, pour quelles raisons tenez-vous tant à vous mêler de ce qui ne vous regarde pas?

— A cause de Doris Mullion.

— Vous en pincez pour elle, hein?

— Une amie, rien de plus.

— Admettons et, qu'est-ce qui vous pousse à croire qu'elle ait besoin qu'on s'occupe d'elle?

— Parce qu'elle est en danger.

— En danger?

— Elle a déclenché toute l'affaire qui a commencé par la mort de Bert Mullion et de votre collègue Filton.

— Sans blague? Et comment ça?

McNamara raconta ce que lui avait confié Doris, insistant sur le fait que, n'étant au courant de rien, elle avait usé de ses fausses livres avec la belle assurance due à l'ignorance.

— Or, inspecteur, d'après le constable, on n'a pas retrouvé dans les poches de Filton les billets neufs remis par Mrs. Mullion. Donc, on les lui avait repris et qui cela pourrait-il être sinon le meurtrier?

— De quelle façon celui-ci se trouvait-il au courant?

— Parce que le hasard a voulu que Doris lui fasse faire la monnaie d'une fausse livre qu'il avait sans doute lui-même fabriquée.

— Et elle ne se rappelle pas de qui il s'agit?

— Elle m'a promis d'y réfléchir.

— Alors, si je comprends bien, le pasteur, en dénichant un faux billet dans le tronc de son église, alerte celui-là même qui les met en circulation. Dès lors, cet homme sait, avant tout le monde, qui a apporté la fausse bank-note à Colton-on-the-sea lorsque Doris lui demande la monnaie d'un de ses propres billets. A son tour, Filton obtient de Mrs. Mullion qu'elle lui remette ses fausses livres contre des bonnes et lorsque le pourvoyeur apprend que le policier — qu'il devait observer ou faire observer — se rend au *Renard rouge*, il sait que Bert est découvert. Dès lors, il décide de tuer son complice pour s'assurer de son silence et commence, sans aucun doute, par assassiner Filton, car il ne peut atteindre le premier qu'en éliminant d'abord le second sur lequel il a, sans discussion possible, récupéré ses billets remis par la jeune femme. Eh bien! si cette théorie est juste, Doris Mullion doit se rappeler qui lui a changé un billet d'une livre, et tout est terminé.

— Je vous répète qu'elle m'a assuré devoir s'employer à retrouver le visage de cet homme.

L'inspecteur se leva assez lourdement.

— Avec ou sans votre permission, Mr. McNamara, j'ai l'intention d'aider Mrs. Mullion à se souvenir et de l'aider immédiatement!

*
* *

A travers la petite ville endormie, ils avançaient à une allure pas tellement assurée car ils avaient sérieusement entamé la réserve de whisky d'Ambrose Thorps. Le constable ne ferait la grimace que le lendemain matin lorsqu'il constaterait les dégâts occasionnés par une amitié assoiffée. Pour l'instant, il marchait dans une sorte de brouillard douillet et jugeait que ce grand diable d'Ecossais était le meilleur des types, et l'inspecteur Robyn

Donagh le policier le plus compréhensif jamais rencontré.

Malgré l'heure très avancée, un rayon de lumière filtrait sous la porte du *Renard rouge*. Donagh qui n'y voyait plus très clair commença par taper brutalement dans le mur en s'imaginant cogner contre la porte et la douleur lui fit lâcher un juron qui, s'il l'avait entendu, eût obligé le pasteur Wool à une purification des lieux. Cependant, on ouvrit et la servante s'encadra sur le seuil. En voyant les trois hommes, elle eut une exclamation de dépit :

— Ah! c'est que vous...

Vexé, le policier la poussa légèrement pour entrer avec ses compagnons.

— Et qui donc attendez-vous?

— Mais... Madame!

— Elle n'est donc pas là?

— Non.

— Elle est sortie?

— Je crois que oui.

La bonne femme se troublait, intimidée par ces visiteurs dont l'intérêt répondait à sa propre inquiétude. Rassemblés près du bar, ils ne songeaient plus à boire. Repris par le métier, Donagh et Thorps échappaient aux illusions d'une ivresse légère pour revenir aux réalités sordides. Quand il ne comprenait pas, l'inspecteur se fâchait et lorsqu'il se fâchait, le témoin bafouillait, apeuré.

— Enfin, voyons, Mrs. Mullion ne vous a pas avertie qu'elle sortait?

— Non.

— Alors, comment savez-vous qu'elle est sortie?

— Parce qu'elle est plus là... J'ai regardé partout... Elle y est pas... Pour moi, elle sera sortie, mais...

— Mais, quoi?

— Il y a quelque chose de bizarre... Elle a rien pris pour s'en aller.

— Qu'est-ce que vous voulez dire?

— Ce que je dis. Ses affaires sont encore accrochées dans le vestibule.

Les dernières fumées de l'alcool subitement dissipées, ils se jetaient de rapides coups d'œil, tous trois taraudés par une angoisse identique qu'ils n'osaient exprimer. L'Ecossais, mieux connu par la bonne que Donagh, prit le relais du policier.

— Essayez de vous rappeler à quel moment vous avez vu Mrs. Mullion pour la dernière fois?

— Eh bien !... J'étais là, appuyée au bar, commandant deux pintes de bière, lorsque Madame qui remplissait les verres, s'est subitement arrêtée et elle a dit :

— Seigneur! c'est lui... Alors, elle a tout laissé tomber et elle est passée derrière.

— Où ça, derrière?

La servante montra la porte donnant sur le reste de la maison.

— Derrière, quoi!

Thorps posa sa première question :

— Et vous ne l'avez pas revue, depuis?

— Non.

Donagh décréta :

— Il n'y a qu'à fouiller l'auberge du haut en bas.

— Je l'ai fait.

— Cela ne nous empêchera pas de recommencer!

McNamara, d'un geste, suspendit l'élan de l'inspecteur.

— Lorsqu'elle a prononcé les mots que vous venez de nous rapporter, vous rappelez-vous qui Mrs. Mullion regardait... si toutefois elle regardait quelqu'un?

La bonne femme fronça les sourcils, absorbée dans une réflexion intense.

— Il me semble qu'elle avait les yeux dans cette direction.

Elle indiquait l'angle droit de la salle.

— Mettez-vous à la place qu'occupait votre maîtresse.

Elle obéit, passive.

— Maintenant, faites comme elle, remplissez un verre de bière... et dites ce qu'elle a dit.

Le verre à moitié plein, elle s'interrompit brusquement et lança :

— Seigneur! c'est lui...

— Tentez de revoir qui se trouvait assis là-bas?

— Il me semble... Je suis pas bien sûre... Mais si! c'était le docteur Buckler.

*
* *

Ce fut Ambrose Thorps qui découvrit le corps de Doris Mullion, au fond de la remise à outils, caché sous des sacs. On l'avait tuée en lui fendant la tête avec un couperet de cuisine. La servante admit que cet instrument, elle s'en était servie dans la soirée pour découper un lapin. L'inspecteur résuma le drame :

— Mrs. Mullion, réalise brusquement que l'homme rencontré et qui lui changea son faux billet est un familier du *Renard rouge*. Elle n'y a pas songé plus tôt, parce qu'elle a tellement l'habitude de le voir qu'elle ne sait plus à quel moment elle a fait sa connaissance. L'homme, d'une manière quelconque, a deviné, compris que la jeune femme l'a reconnu. Lorsqu'elle quitte la salle, il la suit, prend le couperet en passant dans la cuisine, la tue en la frappant par derrière et emporte son corps dans la remise. Qu'est-ce que vous en pensez, McNamara?... Eh! McNamara, qu'est-ce que vous en pensez?

— Je tuerai celui qui a fait ça.

CHAPITRE VI

L'inspecteur Donagh s'était excusé auprès de Malcolm de ne point l'emmener avec lui chez le docteur Buckler, car dans le service, les étrangers au dit service, ne trouvaient point leur place. L'Ecossais s'inclina bien volontiers et laissa partir Robyn et Ambrose pour affronter celui qui, selon les dires de la servante du *Renard rouge* avait été reconnu par Doris.

Resté seul à l'auberge, le Highlander s'en fut veiller la morte et, au grand scandale de la servante, pour Doris qui ne pouvait plus l'entendre sur cette terre, il joua *Blue Bells O'Scotland*. La bonne se retira horrifiée pour ne pas participer à ce qu'elle tenait pour un sacrilège et s'en alla chercher le pasteur, remâchant les conseils de sa défunte mère qui la suppliait de toujours se méfier des hommes de loi et des Ecossais.

Quand il fut relevé de sa veille, Malcolm se retira dans sa chambre, mais avant de se coucher, il cacha soigneusement le bouton qu'il avait trouvé sous le corps de Mrs. Mullion.

***

Cette nuit-là, celle du meurtre de Doris, devait

rester dans les annales de Colton-on-the-sea, non seulement par suite du crime du *Renard rouge* mais encore par la mise en cellule du docteur Buckler. Lorsqu'au matin, les habitants apprirent les deux événements, ils les rapprochèrent immédiatement et en conclurent que Sam Buckler, ce joyeux drille, méritait la corde pour avoir assassiné la pauvre jeune femme dont le sourire réchauffait le cœur des clients de l'auberge.

Les gens se trompaient car si Buckler se trouvait bel et bien en prison, veillé par le suppléant constable Mik Valey, ce n'était pas parce qu'il avait été reconnu coupable de meurtre, mais parce qu'il s'était livré à des voies de fait sur les personnes de deux policiers dans l'exercice de leurs fonctions. Et si Mik Valey occupait la place d'Ambrose Thorps c'est que ce dernier, contusionné, gardait le lit où Mildred, sa femme, le dorlotait. Quant à l'inspecteur, une ambulance appelée au petit matin l'avait emmené à l'hôpital de Plymouth où il essayait de surmonter la commotion dont il souffrait.

En se levant, McNamara avait appris la chose, mais avant de se rendre auprès du prisonnier il avait gagné la demeure d'Hilary Clough. Jill le reçut avec gentillesse et le conduisit au bureau où son père travaillait à l'histoire de son ancien régiment. Le colonel ignorait la nouvelle de la mort de Doris Mullion. Quand il l'apprit, il ne put se tenir de pleurer, tout en s'excusant :

— Je ne sais ce qu'il me prend, McNamara, mais j'aimais bien cette jeune femme. Sans elle, le *Renard rouge* ne sera plus qu'une auberge comme les autres. Je perds mon dernier refuge. Bien sûr, c'est égoïste ce que je vous raconte-là mais à mon âge, on pense, hélas! d'abord à soi... Jamais je n'aurais cru Buckler capable d'une chose pareille et, je vous l'avoue, à moins qu'on ne me fournisse des preuves indiscutables, je refuse de l'admettre. Hier, je vous ai offert de vous aider, à présent, j'en ai plus envie encore et si nous mettons la main sur l'assassin avant la police, j'espère qu'il se défendra... Vous me comprenez?

— Et comment! Mais c'est moi qui le tuerai, colonel!

Abandonnant la retraite de Clough, l'Highlander se dirigea vers le bureau de police. Quand il le vit entrer, Sam Buckler s'écria :

— Hé! dites donc, McNamara, vous n'êtes pas aussi stupide que les autres, vous! Conseillez-leur donc de me lâcher! Je reconnais que j'ai été un peu vif, mais aussi, venir me réveiller en pleine nuit pour m'annoncer que je suis un criminel, il y a de quoi perdre son sang-froid, non? Et puis ce n'est pas une raison pour priver mes malades des soins dont ils ont besoin! Ce jeune crétin qui me surveille, je l'ai sauvé il y a cinq ans et il a l'air tout fier de jouer les geôliers!

Valey protesta :

— Je suis pas fier, docteur, mais j'ai des ordres!

— Vos ordres, je m'en fous!

— D'accord, mais je peux pas raisonner comme vous.

Malcolm s'approcha de Buckler.

— Si j'étais certain que vous soyez coupable, je vous étranglerais doucement de mes propres mains.

— Et vous auriez raison car Doris était une chic fille. Quand je pense que ce Thorps qui me connaît depuis vingt ans m'a laissé insulter par ce grotesque inspecteur... Bon Dieu! il ne perd rien pour attendre! Je le réduirai en marmelade!

— Rassurez-vous, Buckler, vous risquez d'être poursuivi pour coups et blessures...

— Ce ne sera pas la première fois!

— ... Mais je ne crois pas qu'on retiendra l'accusation de meurtre. Du moins, c'est ainsi qu'on agirait à Tomintoul. Et pour ne rien vous cacher, j'ai bien envie d'y repartir dès ce soir à Tomintoul... L'existence que vous menez ici, les uns et les autres, ne me convient pas : ces femmes hystériques, cette histoire de fausse monnaie, ce colonel neurasthénique, ce notaire grippe-sou, cette comtesse à moitié folle et pour finir l'assassinat de cette pauvre femme... non, chez nous, ça ne se passe pas des trucs pareils.

Le médecin regarda longuement l'Ecossais.

— Je vous comprends, mon vieux, vous n'êtes pas fait pour ce genre de bagarre... Rentrez vite à Tomintoul. D'ailleurs, je ne vois pas pourquoi vous êtes resté après votre succès au concours?

— Ah?... Pardonnez-moi, mais vous... enfin, il y avait quelque chose entre vous?

— Non. Elle me faisait penser à certaines de mes brebis qu'il me faut toujours protéger contre les autres... Je n'y parviens pas à chaque coup et... pour Doris non plus, je n'y suis pas arrivé. Ça me plairait quand même bien d'apprendre, avant mon départ, que son meurtrier a été arrêté... et ça me plairait encore mieux de l'empoigner moi-même, le premier!

— Attention, mon vieux! Nous ne sommes pas à Tomintoul!

— Ce n'est pas la peine de me le rappeler!

*
* *

Mildred Thorps reçut McNamara avec un visage de veuve affligée.

— Ah! c'est gentil d'être venu rendre visite à mon pauvre blessé...

— C'est grave?

— Ce qu'il a eu de plus grave dans sa carrière.

Elle parlait d'une voix feutrée et malgré lui, l'Ecossais baissa le ton ainsi qu'il est d'usage dans une maison où quelqu'un va mourir. Soudain faisant éclater ce recueillement, une sorte de hurlement jaillit de la chambre des époux Thorps :

— Et alors, Mildred? Ce whisky vous me l'apportez ou si je dois aller le chercher?

Rassuré sur l'état de santé du constable, Malcolm remarqua et sans sourciller :

— Il semble aller beaucoup mieux.

Sans attendre la réponse de Mrs. Thorps, le Highlander entra dans la chambre où Thorps les yeux enflés et d'une couleur étonnante, des taches de mercurochrome sur le visage lui donnant un air de ressemblance avec un Sioux sur le sentier de la guerre, récupérait après les fatigues de la nuit. Il parut touché de la visite de l'homme de Tomintoul et s'exclama :

— Ah! si vous aviez été avec nous, il n'y aurait pas eu ce malentendu!

En l'honneur de son hôte, le constable entreprit le récit d'une bataille qui, pour les forces de l'ordre, s'était très vite muée en déroute.

— J'avais beau répéter à l'inspecteur que, vu l'heure, notre démarche n'était pas légale du fait que nous n'avions aucune preuve contre le docteur, il n'a rien voulu entendre. Le voilà bien avancé maintenant! Mais ces gens du C.I.D., ils se croient d'une essence supérieure aux autres! On n'écoute pas le flic d'un petit patelin, pensez donc! Bref, on s'amène, on frappe, c'est la vieille Murphy qui nous ouvre, de mauvais poil comme toujours. On demande le docteur. Elle nous réplique que si on n'est pas malade, on n'a qu'à filer en vitesse parce que son médecin, il est fatigué et n'a pas le temps ni le goût de prendre sur son sommeil pour bavarder. L'inspecteur lui réplique qu'il ne s'agit pas de bavardage mais d'interrogatoire et qu'au surplus, représentant la loi, il n'admet pas qu'on lui interdise l'entrée de la maison. Finalement, la vieille nous introduit dans le salon d'attente des malades et bientôt Buckler apparaît, drapé dans une robe de chambre jaune et rouge. Tout de suite il s'est mis à nous engueuler.

« — Alors, quoi? Y a pas moyen de me foutre la paix? Je croyais que le constable avait pour tâche de veiller sur le repos de ses concitoyens et non de le troubler. Sans doute, ai je dû me tromper?

« Dans ces conditions, ça ne pouvait pas bien marcher, hein? L'inspecteur est monté sur ses grands chevaux en déclarant ne pas admettre qu'on lui parle sur ce ton, surtout un type passible d'être convaincu d'assassinat. Alors là, c'est devenu affreux. D'abord, Buckler est resté saisi et puis, il s'est mis à souffler comme un taureau sur le point de charger.

— Qu'est-ce que vous avez dit?

— Mrs. Mullion, tenancière de l'auberge du *Renard rouge*, vient d'être assassinée.

« Sur le moment le docteur a cru à une farce macabre et il a prié honnêtement Robyn Donagh de lui avouer qu'il se fichait de lui. L'inspecteur a rétorqué n'avoir pas pour habitude de jouer les plaisantins et si par hasard, il se livrait à ce genre de facéties, elles étaient d'un goût meilleur. Apprendre que Doris était vraiment morte et de si vilaine façon a été un choc pour Buckler et puis il s'est mit à rugir :

« — Si je comprends bien, vous m'accusez de ce meurtre?

« L'inspecteur a rétorqué que, pour l'instant, il le soupçonnait. Alors, à toute volée, Sam lui a flanqué un direct en pleine figure. Ainsi que le voulait mon devoir, je me suis précipité pour tenter de retenir ce forcené et... qu'est-ce que j'ai pris, Seigneur! J'ai cru tout de bon ma dernière heure sonnée. Finalement, il nous a flanqués tous les deux par la fenêtre. On s'est retrouvé, l'inspecteur et moi, emmêlés dans la rue et complètement assommés. Je me suis remis le premier. J'ai appelé à l'aide et vous connaissez la suite... J'ai fait transporter l'inspecteur chez sa sœur et de là à Plymouth. Quant à moi, je me suis couché pendant que Valey et le maire emmenaient Buckler en prison. Enfin heureusement, je n'ai rien de cassé. Du moins je le suppose. Mais, pour une fois que je participe à une enquête, je me sens plutôt dégoûté.

*
* *

Le lendemain, sur l'ordre d'Exeter, le docteur Sam Buckler était relâché afin de ne pas priver la population de Colton-on-the-sea de ses soins, mais il devait se tenir à la disposition de la justice en attendant sa comparution devant le juge.

Bien qu'elle n'eût aucune attache dans le pays et qu'elle n'ait pas eu le temps d'y nouer de vraies relations, presque tout le monde suivit l'enterrement de Doris Mullion. La population se sentait émue par le tragique destin de ce jeune couple dont, à quelques jours d'intervalle, le mari et la femme étaient morts de mort violente. Les habitués du *Renard rouge* menaient le deuil avec Sam Buckler au premier rang. Le constable était là également, à peu près remis de sa correction. Bon type, il avait accepté les excuses du docteur et promis que sa déposition serait le moins sévère possible. En échange, Sam, lui apprit qu'il lui adressait une caisse de whisky.

Sur la fosse ouverte, lorsque le cercueil y fut descendu, le pasteur Wool prononça des paroles émouvantes sur la précarité de notre sort terrestre et quand il eut récité les prières de circonstance, dans le silence respectueux qui suivait, l'Ecossais prit sa cornemuse et joua *Highland Laddie*.

***

Le colonel et McNamara revenaient côte à côte du cimetière. Tous deux, sans qu'ils aient besoin de se le confirmer mutuellement, pensaient à la morte. Ils ne parvenaient pas à croire complètement à une absence qui ne finirait pas. Malcolm soupira :

— Et dire que le meurtrier se trouvait sans doute parmi nous!

— Cela semble impossible!

— Pourtant... S'il n'était pas venu on l'aurait remarqué... Colonel, j'ai une idée sur le meurtrier. Si... Il faut que je vous en parle.

Le Highlander entraîna Clough dans sa chambre du *Renard rouge.*

— Voilà... toutes ces abominations me paraissent liées à cette histoire de fausse monnaie.

— Vous croyez?

Pour convaincre son interlocuteur, l'Ecossais lui raconta les menaces dont avait été victime Doris et comment, sur ses conseils, elle avait obéi à celui qui, par téléphone lui commandait d'aller chercher une cassette pleine de livres fausses.

Le colonel écoutait attentivement son interlocuteur mais sa physionomie indiquait assez son indréculité.

— Vous... enfin, je ne voudrais pas vous blesser mais... vous n'arrangez pas un peu les choses? Cette cassette enterrée au pied d'un arbre dans un bois... On dirait du Stevenson ou de l'Edgar Poë!

— Doris est morte pour authentifier l'histoire, colonel!

— Excusez-moi!

Malcolm raconta, en bref, tout ce qu'il savait de l'aventure personnelle de Mrs. Mullion jusqu'à son assassinat et lorsqu'il lui eut révélé la rencontre faite par Doris avec le gentleman qui lui changea sa livre, il conclut :

— Elle a été tuée parce qu'elle a reconnu cet homme parmi les consommateurs du *Renard rouge* avant-hier et c'est parce qu'elle l'avait reconnu, qu'il l'a tuée. Si nous pouvions découvrir l'identité de ce misérable, nous tiendrions l'assassin et sans doute, du même coup, le faux monnayeur.

Hilary s'essuya le front.

— Si l'on m'avait prédit qu'il se passerait un jour, des histoires pareilles à Colton-on-the-sea, j'aurais refusé de le croire! Je vous répète, McNamara que vous pouvez compter sur moi en tout et pour tout, mais... j'avoue que je ne me sens pas particulièrement doué pour les enquêtes policières.

— Moi non plus, colonel, mais chez nous, à Tomintoul, quand on a un gros ennui, avant de se rendre chez un homme de loi, on prend conseil de ses amis et, tous ensemble, on raisonne bien tranquillement sans chercher midi à quatorze heures, en allant directement aux raisons les plus simples. C'est pourquoi j'ai besoin de votre avis.

— Je vous écoute?

— Bon!... Je pars de ce principe que ce n'est pas tout le monde qui peut avoir — le cas échéant — le culot de fabriquer de la fausse monnaie, car le plus ignare sait que les faux monnayeurs sont durement punis et qu'entreprendre la fabrication de faux billets ou en assurer la distribution, c'est accepter le risque de finir ses jours en prison. Enfin, la fausse monnaie n'est pas un crime de paysan.

— C'est vrai...

— Je crois aussi que cette entreprise exige une certaine culture. Il faut être capable d'examiner très attentivement les résultats obtenus et surtout il importe de résister à la tentation de ne pas jeter cette fausse monnaie sur le marché. Le coupable doit donc être quelqu'un qui a, au vu et au su de tous, les moyens de vivre. De plus, il ne suffit pas de décider qu'on va se mettre à imprimer de faux billets pour se coller à la tâche. Il est nécessaire de se procurer le matériel qui ne court pas les rues. D'où l'obligation de pouvoir être en rapport avec un milieu qui n'est pas celui qu'on risque de rencontrer à Colton-on-the-sea. Or, le *Renard rouge* a été acheté, en vérité, par la bande dont Stepney faisait partie. Les Mullion ne devant en être que les gérants. Enfin, les meurtriers de Bert Mullion et de l'inspecteur Filton, celui de Mrs. Mullion démontrent assez que l'homme que nous recherchons est sans pitié. J'ajouterai que la manière dont il a tué Doris tendrait à prouver qu'il déteste plus particulièrement les femmes. Que pensez-vous de ce raisonnement?

Hilary Clough resta un moment songeur.

— Je veux être franc avec vous, McNamara. Au début, j'étais sceptique mais votre démonstration m'a convaîncu. Pardonnez-moi, mais je ne vous aurais pas cru capable d'une pareille logique. Il faut penser qu'élever les moutons, dans les landes de Tomintoul, donne une sagesse inattendue. Permettez-moi cependant une question : pourquoi n'avez-vous pas raconté tout cela à la police?

— Je l'ai fait et je pense que demain matin, l'inspecteur Donagh recevra la lettre où je lui ai exposé tout ce que je viens de vous dire. Il n'y a que le nom de celui que je soupçonne que j'ai omis de noter.

— Parce que vous soupçonnez quelqu'un?

— Oui.

— Est-il indiscret de...?

— Colonel, d'après tout ce que je viens de vous raconter, pour moi le coupable est un homme intelligent, habile, pouvant aller et venir sans étonner personne, pratiquant donc un métier ne nécessitant pas sa présence perpétuelle à Colton-on-the-sea, autant que possible célibataire ou veuf ou vivant comme s'il l'était. Ajoutez qu'il est un habitué du *Renard rouge.*

Clough eut un petit rire embarrassé.

— Si je vous comprends bien, cette définition s'applique parfaitement à moi?

— Mais j'ai pensé à vous, colonel. Heureusement pour vous, je me suis renseigné : vous n'êtes pas venu au *Renard rouge* le soir où Doris a été tuée. Elle n'a donc pu vous reconnaître.

Hilary poussa un soupir de soulagement :

— Vous m'avez fait peur!

— D'autre part, vous m'avez avoué aimer Doris et puis, vous ne vivez pas seul. Enfin, ce n'est pas dans l'armée que l'on rencontre les crapules ayant des accointances avec les faux monnayeurs. Pour des raisons différentes, j'élimine le docteur Buckler qui gagne bien sa vie et qui, malgré son caractère emporté, est un bon type. Il est le contraire de ceux qui tendent des pièges. Lui, il cogne, sans réfléchir aux conséquences. On en a eu la preuve avec la manière dont il a traité les deux policiers.

— Alors, qui?

— J'ai bien réfléchi, colonel, et un homme m'apparaît être le coupable idéal. Il aime l'argent plus que tout. Bien que marié, il vit comme s'il ne l'était pas. L'inconduite de son épouse le pousse à haïr toutes les femmes. Ancien avocat, il a pu défendre des gens et garder le contact avec eux. De plus, il est méchant et se réjouit assez des malheurs des autres.

Stupéfait, Clough murmura :

— Vous ne voulez tout de même pas insinuer que vous soupçonnez...?

— Maître Geoffrey Groley, si.

Il se fit un silence au cours duquel Hilary sembla se débattre contre les pensées le submergeant.

— Cela vous étonne, colonel?

— Je déteste le notaire mais d'ici à le tenir pour un criminel...

— Le croyez-vous riche?

— Sûrement.

— Et, d'où lui vient cet argent?

— Ma foi, vous me prenez au dépourvu. C'est là une question que je ne me suis jamais posée.

— Sa femme?

— Beryl? Elle était vendeuse dans un Uniprix quand il l'a rencontrée!

— Sa famille?

— Des métayers.

— Son cabinet?

— Peut-être, bien qu'il n'ait pas tellement de clients.

— Alors?

— Alors, je ne sais pas?

— Bon, venez avec moi.

— Où cela?

— Chez Frank Andrews.

*
* *

L'ancien propriétaire du *Renard rouge* habitait à l'autre extrémité de Colton-on-the-sea, sur la route de Falmouth. Après la vente de son auberge, il s'était retiré chez une de ses filles mariée à un quincaillier. Il reçut ses visiteurs sans la moindre aménité car une goutte chronique lui avait donné un caractère des plus difficiles. Parce qu'il ne pouvait plus boire, il ne songea pas à offrir quoi que ce fût à ses hôtes du moment.

— Mr.Andrews, nous aimerions, si vous le voulez bien, vous poser quelques questions à propos du *Renard rouge*.

— M'intéresse plus le *Renard rouge*... L'ai vendu et vous le savez bien.

— Vous connaissiez Bert Mullion, votre acheteur?

— Non. L'ai vu seulement la veille du jour où on signé l'acte.

— N'est-ce pas extraordinaire?

— En quoi? Maître Groley avait tout arrangé.

— Tout arrangé?

— Il y a à peu près deux mois, il est venu me trouver et m'a dit : « Frank, on chuchote que vous souhaiteriez vendre. Si c'est vrai j'ai un acheteur, des gens qui voudraient vivre à Colton-on-the-sea. Ils sont fatigués de la grande ville. Ils seraient décidés à payer un bon prix. » — Alors, moi j'y ai répondu : « Qu'est-ce que vous appelez un bon prix? » — « Le vôtre », qu'il m'a fait. Dans ces conditions, ça n'a pas traîné. Mettez-vous à ma place, hein? Ce qui m'a surpris c'est qu'il a signé la promesse de vente sans même que les acheteurs se soient dérangés. Ainsi que je le remarquais, maître Groley m'a assuré qu'il s'agissait d'amis à lui dont il connaissait bien les goûts, qu'il était certain que ça leur plairait et qu'en plus c'était pas pour eux qu'ils achetaient mais pour un jeune couple... Enfin, toute une salade, quoi! Il m'a donné un bon à valoir et c'était tout ce que je demandais, hein? Comme je vous ai dit, les Mullion, ils se sont amenés juste la veille du contrat. L'homme a bien un peu discuté mais j'ai eu l'impression que c'était pour la frime, histoire de se faire mousser, quoi! Maître Groley avait l'argent chez lui. Bref, ça a été enlevé tambour battant. Et voilà tout ce que je peux vous apprendre. Par hasard, vous sauriez pas qui c'est qui reprendra? Parce que tout de même, j'y suis un peu attaché à cette maison...

*
**

L'Ecossais avait raccompagné le colonel chez lui où ils burent un verre. Clough semblait ne pas parvenir à se remettre de l'émotion éprouvée. McNamara interrogea :

— Vous êtes convaincu, à présent?

— Le moyen de faire autrement? Quoiqu'il puisse s'agir d'une transaction honnête que nous travestissons à notre insu?

— Vous n'en pensez pas un mot.

— C'est vrai, mais tout de même, je suis partagé entre l'envie de vous croire et mon impossibilité d'assimiler ce lamentable Groley à un prince de la pègre!

— Il avait Stepney pour client... Honnête, il n'aurait pas eu ce genre de client. Honnête, il se serait inquiété de la manière dont on achetait le *Renard rouge.* J'ai été le témoin de bien des achats et de bien des ventes à Tomintoul, mais c'est long, on discute pendant des mois, on se rend compte, on suppute, on calcule. On ne lâche pas ses sous aussi facilement. Je ne pense pas que dans le Devon, on néglige l'argent plus qu'ailleurs, hein?

— Evidemment, non.

— Dans ces conditions, force vous est de reconnaître que je ne me suis peut-être pas trompé?

— Mais si vous êtes tellement sûr de vous,

pourquoi n'allons-nous pas chez Groley le forcer à avouer?

— Parce que nous n'avons pas de preuves, colonel.

— Et de quelle façon comptez-vous en obtenir?

— Avec votre aide. J'irai rendre visite ce soir au notaire. Arrangez-vous pour pénétrer chez lui sans qu'il vous voie. Pour un officier qui a pris part à des commandos, ce ne doit pas être difficile?

— Entendu, et après?

— Débrouillez-vous pour écouter notre conversation. Me voyant seul il ne fera peut-être pas trop de difficulté pour parler. Vous témoignerez de ce que vous aurez appris.

— Je n'aime pas beaucoup ce rôle d'espion, vous savez!

— Pensez à Doris? Son meurtrier ne s'est pas conduit en gentleman!

— Exact!

— Alors, à ce soir onze heures, devant chez vous.

— Je vous attendrai.

— Et prenez un costume de circonstance car vous risquez d'être amené à ramper, grimper...

— Ne vous en faites pas, j'ai ce qu'il me faut.

*
* *

A onze heures moins le quart, McNamara quitta le *Renard rouge* où il était le client que la servante ne conservait que parce qu'il devait incessamment partir. Il emporta sa cornemuse car sans elle, il ne se sentait pas complètement habillé. Il remonta de son grand pas tranquille le chemin qui allait du carrefour à la gare. Parvenu à l'embranchement des routes, il prit la direction du port. Le colonel, comme promis, l'attendait devant la grille de son jardin. Il était vêtu de son costume de chasse en toile imperméable de couleur verdâtre. Une excellente tenue de camouflage. Ensemble, ils remontèrent sur la grand-route et empruntèrent la direction de Plymouth. Lorsqu'ils furent arrivés à une cinquantaine de mètres de la demeure du notaire, Clough le quitta pour sauter dans le parc dont il escalada prestement la clôture. Quand il eut disparu, l'Ecossais s'en fut frapper à la porte de maître Groley. Au bout d'un certain temps, il vit d'abord s'allumer une lumière au premier étage, puis des volets s'ouvrirent et la voix de Beryl demanda :

— Qu'est-ce que c'est?

— Je voudrais parler à maître Groley.

— A cette heure-ci? Vous n'êtes pas fou?

— Ce que j'ai à lui dire est très urgent. Je quitte le pays à l'aube et...

— Hé! mais c'est Mr. McNamara, il me semble? Le gentleman qui est si galant avec les dames! Je regrette mais mon mari travaille et n'entend être dérangé sous aucun prétexte! Bonsoir!

— Il travaille dans l'obscurité?

— Il est dans sa cave où il a installé le petit bureau où il poursuit ses études sur l'implantation des Normands dans le Devon. Ça vous étonne? Un peu trop calé pour vous, sans doute?

— Oh! moi, sorti des moutons...

— Eh bien! retournez auprès d'eux, bonsoir!

Les volets claquèrent et quelques secondes plus tard, la lumière s'éteignit. Malcolm feignit de repartir en direction de Colton-on-the-sea. Après une trentaine de mètres, il revint sur ses pas en marchant sur le bas-côté herbeux, car le travail du notaire dans sa cave, l'intéressait. Il gagna la porte et sortant toute une série de clés de la poche de sa veste réussit à l'ouvrir au bout de très peu de temps. Il entra, referma le plus doucement possible et demeura quelques minutes immobile à l'affût du moindre bruit. N'ayant rien entendu, il fit jaillir le mince faisceau de sa lampe électrique. Il repéra le bureau de maître Groley et l'escalier menant à l'étage où Beryl dormait. Il découvrit la porte de l'office et juste à côté une autre porte derrière laquelle un escalier s'enfonçait dans le sol. L'Ecossais ôta ses chaussures dont il noua les lacets pour pouvoir les porter en sautoir, puis sa cornemuse sur le dos, il descendit l'escalier. Au bout d'une dizaine de marches, il arriva dans la cave spacieuse où les bouteilles étaient rangées en ordre méthodique. Histoire de s'encourager à poursuivre ses recherches, il déboucha un flacon de whisky et en but une longue rasade. Ragaillardi, il examina les lieux et découvrit une ouverture dans un des murs. Avant de s'y engager, il pensa au colonel qui, ne voyant personne, devait se demander ce qu'il se passait. Il fut sur le point de remonter et puis il décida d'aller de l'avant.

Etonné, l'Highlander — ayant remis ses chaussures — avançait, en prenant le plus de précautions possible, dans une sorte de boyau où il devait se courber pour progresser. Il lui parut qu'il marchait longtemps. Soudain, il s'arrêta en écoutant le bruit régulier qui lui arrivait. On eût dit d'une machine au rythme régulier. Il accéléra son allure. Le bruit qui l'intriguait cessa juste à l'instant où il parvenait devant une autre porte sous laquelle filtrait une lumière. Malcolm hésita et puis doucement, tout doucement, il poussa et centimètre par centimètre, écarta le dernier obstacle le séparant de la vérité.

McNamara pénétra dans une salle basse, voûtée et, aussitôt, il vit la presse à mains. Ainsi, c'était là que se fabriquaient les faux billets qui avaient amené la mort de Bert Mullion, de Filton et celle de Doris. Le bruit qu'il percevait quelques minutes plus tôt, était celui de la presse qu'on manœuvrait. Mais, où se trouvait celui...

— Levez les mains, Mr. McNamara, et retournez-vous doucement?

L'Ecossais se raidit et obéit. Le notaire, revolver au poing, le regardait d'un air goguenard.

— Je vous attendais... Ainsi, il a fallu que vous veniez flanquer votre nez dans mes affaires, hein?

— Ce n'est pas bien, maître Groley, de fabriquer de la fausse monnaie, surtout de la part d'un homme de loi.

— Imbécile! Allez vous mettre devant la porte par où vous êtes arrivé afin que je puisse traîner plus facilement votre cadavre dans le souterrain. On n'a pas idée d'être si grand, si gros et si bête!

— Parce que vous... voulez me tuer?

— Pour vous apprendre la discrétion, mon ami.

— Mais si je vous promettais de partir sur l'heure?

— Impossible! Je ne peux me permettre de laisser vivre quelqu'un connaissant mon secret. Dites adieu à Tomintoul, mon garçon!

Le Highlander, au vent plus frais, lui frisant la nuque, comprit que quelqu'un poussait la porte derrière lui. Il se raidit. Un coup de feu claqua. Une expression d'étonnement se peignit pendant une infime fraction de seconde sur le visage du notaire bientôt inondé de sang s'échappant de son front éclaté. Geoffrey Groley vacilla avant de tomber. L'Ecossais se détendit. Hilary Cough remarqua d'une voix tremblante :

— Je... je crois que... que je vous ai sauvé la vie, hein?

— Je le crois aussi.

Le colonel regarda autour de lui, inspecta la presse à imprimer, prit un des faux billets en cours de fabrication, l'examina.

— Ainsi, vous aviez vu juste... C'était Groley le faux monnayeur, le meurtrier... Seigneur! qui aurait pu imaginer une chose pareille?

— Je ne sais pas.

— Qu'est-ce que vous pensez de cette sale histoire, vous?

— Moi? Elle me donne envie de rentrer à Tomintoul, ce que je ferai dans quelques heures.

— Si on vous le permet!

Ils se tournèrent tous deux, d'un même élan, du côté d'où venait de jaillir cette remarque menaçante et ils virent la comtesse Polgate qui pointait sur eux le canon d'un fusil.

— Levez les mains, Mr. McNamara!

L'Ecossais obéit, imité par le colonel. Pamela s'approcha.

— Ça ne m'amuse pas de vous tuer mais c'est obligé, maintenant. Pauvre Geoffrey... Il se croyait plus fort que n'importe qui... Vous ne souffrirez pas si vous restez tranquille. Le fusil est chargé à chevrotines pour le gros gibier... et, vous êtes un gros gibier.

Malcolm comprit qu'il fallait la faire parler car il voyait Hilary se déplacer doucement vers la presse pour se glisser derrière la comtesse et tendre lentement la main vers la masse servant à aplanir les plaques de plomb dans les cadres. Ce n'était qu'une masse en bois mais maniée vigoureusement...

— Comtesse, cette presse installée sous votre château fait déjà de vous une criminelle devant la loi et vous irez en prison. Si vous m'assassinez, c'est au gibet qu'on vous conduira!

— C'est un risque que vous m'avez obligée à prendre. Encore une fois, je regrette mais je ne puis agir autrement.

Son doigt blanchissait déjà sur la gâchette lorsque le colonel frappa. Malcolm eut un haut-le-corps en entendant le choc. Pamela Polgate s'effondra d'un bloc. L'Ecossais se pencha sur elle. Elle était morte, le crâne enfoncé. Il releva la tête :

— Vous avez une rude poigne, colonel.

— La peur sans doute... Ainsi, elle aussi était dans le bain. Il me semble que je vis un cauchemar. Complices, Groley et Pamela! Alors qu'ils semblaient se haïr! Et la petite Tessa... que va-t-elle devenir?

— Vous pourriez vous en occuper.

— C'est vrai. Je le ferai avec plaisir...

Le Highlander se releva lentement.

— Jamais on ne voudra me croire lorsque je raconterai cette aventure à Tomintoul... Un petit pays paisible où ceux devant donner l'exemple, des notables, sont des crapules qui, apparemment brouillés à mort, s'entendent la nuit comme larrons en foire pour fabriquer de la fausse monnaie. Ils installent, avec l'aide de complices extérieurs, un homme de paille qui, devenu tenancier du *Renard rouge* servira d'intermédiaire. Malheureusement pour eux, cet homme a épousé une brave fille qui n'est au courant de rien et pour remercier le Ciel de sa chance exceptionnelle, elle dépose dans le tronc de l'église un faux billet pris, avec quelques autres, dans le portefeuille de sa crapule de mari. Le hasard veut qu'elle demande la monnaie d'une de ses livres « bidon » au faux monnayeur lui-même et qu'elle connaisse l'inspecteur venu enquêter sur place. Dès lors, le bon gentleman qui s'est montré si prévenant a décidé que Bert mourrait et aussi le policier. Il les tue et ne fait grâce à la jeune femme que parce qu'il s'imagine qu'elle a oublié leur rencontre. Du moment où il devine qu'elle n'a pas oublié, il la condamne à son tour et la tue.

— A vous écouter, mon vieux, je sens se dissiper le remords que je pourrais nourrir pour avoir abattu Groley. C'était vraiment une canaille...

— Sans aucun doute. Avez-vous une idée de l'endroit où nous nous trouvons?

— Exactement, je l'ignore, mais vraisemblablement sous le château. Et maintenant qu'allons-nous faire?

Sans répondre, l'Ecossais empoigna sa cornemuse. Le colonel le regarda avec des yeux ronds.

— Vous voulez jouer? Devant ces...?

Déjà la musique emplissait le caveau où les deux hommes se trouvaient en compagnie des deux cadavres, une musique lente, funèbre. Médusé Hilary Clough ne savait quelle attitude prendre. Lorsque l'Ecossais eut terminé, Cough remarqua :

— Je ne comprends pas pourquoi...

— Je joue toujours *Eigtsome reel* lorsque quelqu'un va mourir. C'est notre habitude à Tomintoul.

— Va mourir?

Le colonel montra les corps étendus sur le sol.

— ... Mais ils sont morts!

McNamara sourit tristement.

— Ce n'est pas d'eux qu'il s'agit, mais de vous.

— De...?

— A Tomintoul, quand on annonce la mort de quelqu'un, on dit qu'il est retourné chez lui. Vous comprenez? Le colonel est retourné chez lui...

— Mais enfin...

— Vous y avez été trop fort, Clough. Il ne fallait pas me croire bête à ce point-là. Le notaire n'a eu aucun mouvement de surprise quand il vous a vu tout à l'heure. Visiblement, il vous attendait. Vous l'avez tué avant qu'il ait réalisé votre traîtrise. La comtesse n'a menacé que moi. Pourquoi? Parce que vous étiez son complice. Sinon, elle n'aurait pas commis la folie de vous laisser passer dans son dos. Et par quel miracle m'avez-vous rejoint, ici? Vous connaissiez donc ce passage? Vous avez tout combiné pour vous débarrasser de vos complices parce que vous m'avez cru lorsque je vous ai dit que j'avais adressé un rapport à la police. Vous saviez la partie perdue et pour vous en sortir sans dommage, il ne vous restait plus qu'à faire taire vos complices en les désignant pour les seuls coupables. J'imagine que cet après-midi vous les avez prévenus de ma visite. Le notaire m'a dit : « Je vous attendais » quand je suis entré. Comment m'aurait-il attendu s'il n'avait su mon intention de le venir voir?

— Vous êtes fou!

— Mon erreur a été de croire que Doris avait

reconnu celui qui lui avait changé son billet, parmi ses clients. Mais, dans ce cas, elle aurait pris garde de ne pas prononcer un mot et aurait attendu mon retour. Or, elle est partie à ma recherche afin de me prévenir. C'est votre absence, colonel, qui vous a désigné à elle. En cherchant qui manquait parmi les habitués, elle a pensé à vous et le déclic s'est fait en sa mémoire. Mais vous, vous commenciez à être inquiet de l'amitié m'unissant à Mrs. Mullion et vous aviez décidé de vous débarrasser d'elle. Il n'y a pas d'autre explication à votre présence dans les communs du *Renard rouge.* En somme, Doris est allée au devant de sa mort.

— Moi? Dans les communs?

Du doigt l'Ecossais montra le second bouton de la veste de chasse qui ne ressemblait pas aux autres.

— Où avez-vous perdu votre bouton?

— Mon?... Je ne sais pas!

— Le voilà.

Et dans la paume de sa main, Malcolm présenta le bouton manquant.

— Vous n'aimeriez pas connaître l'endroit où je l'ai trouvé? Sous le cadavre de Mrs. Mullion. Concluant, non? Lorsque vous avez vu l'inspecteur Filton entrer au *Renard rouge* après que vous eûtes rencontré Doris et échangé son faux billet, vous avez compris que le policier était sur votre piste. Vous l'avez tué et vous vous êtes débarrassé de Bert Mullion, en le trahissant vraisemblablement comme vous avez trahi le notaire et la comtesse.

Le colonel Clough voulut se jeter sur son pistolet resté à terre, mais McNamara, plus rapide, lui sauta dessus et l'écrasa sous son poids. Le Highlander se redressa, releva Hilary Clough et sans la moindre nervosité demanda :

— C'est un aveu ça, non?

— Bon, d'accord, j'ai perdu, appelez les flics.

— Non.

— Non?

— J'ai juré de tuer le meurtrier de Doris. Vous vous rappelez?

*
* *

Ambrose Thorps dormait du beau sommeil d'une conscience tranquille lorsque les premiers coups frappés à sa porte le firent grogner. Ce ne fut qu'au bout d'une bonne minute qu'il parvint à se réveiller. Il lui fallut encore un moment pour se persuader que c'était bien contre sa porte qu'on s'acharnait. Alors, il pesta après l'importun et seul le sentiment du devoir l'obligea à se lever. Il enfila sa robe de chambre, chaussa ses pantoufles, hésita pour savoir s'il devait ou non coiffer son casque, y renonça et s'en fut ouvrir.

— Ce n'est pas pour vous le reprocher, mon vieux, mais vous avez le sommeil dur!

L'Ecossais entra et Thorps trop surpris de cette visite nocturne pour protester se contenta de suivre McNamara dans son living-room.

— Qu'est-ce que vous désirez?

— Vous parler.

— Vous savez l'heure qu'il est?

— Aucune importance. Je prendrais bien une tasse de thé?

Le constable jugea que cet Ecossais ne manquait pas d'un certain culot.

— C'est que... il faudrait que je réveille Mildred et je crains qu'elle ne le prenne très mal.

— Je me contenterai donc de whisky.

Ambrose s'en fut chercher une bouteille en pensant que ces Highlanders devaient avoir un estomac en fer pour boire du whisky au petit matin. Malcolm but deux verres coup sur coup et avoua :

— Ça va mieux!

Thorps commençait à s'énerver devant une pareille désinvolture.

— Enfin, vous ne m'avez pas réveillé uniquement pour boire mon whisky, j'imagine?

— Je suis aussi venu pour vous dire que tout était terminé.

— Que tout était terminé? Quoi... tout?

— L'enquête sur les meurtres de Bert Mullion, de Filton et de Doris Mullion. Terminée également l'enquête sur les faux monnayeurs.

— Qu'est-ce que cela veut dire, terminé?

— Simplement que le meurtrier a avoué et que les faux monnayeurs sont démasqués.

— Vraiment? Et par qui?

— Par moi.

— Vous vous fichez de moi?

— Ne vous énervez pas, mon vieux, et écoutez-moi. Il y avait une fois trois notables de Colton-on-the-sea qui, pour mieux duper leurs concitoyens, feignaient de se haïr...

L'Ecossais parla longuement et le constable l'écouta sans piper mot. Quand il eut terminé, le brave Ambrose ne pouvait que répéter :

— Ça alors... ça alors...

— Il n'y a que pour les jeunes que je regrette, surtout pour Jill Clough, car Perry et Tessa se rapprocheront encore dans leur commun malheur. Essayez de faire quelque chose pour la petite, hein?

— J'en parlerai au pasteur.

— De mon côté, je verrai ce que je peux tenter. Je peux téléphoner?

Le constable haussa les épaules pour bien signifier que maintenant McNamara avait le droit de tout se permettre.

— Hello, superintendent Carter Jones? Ici McNamara. Excusez-moi de vous réveiller. Mission accomplie. Les faux monnayeurs sont démasqués. Envoyez tout de suite vos hommes et un médecin légiste discret. Je vous rejoins.

Le Highlander raccrocha et sourit à Thorps.

— Vous allez vous couvrir de gloire, mon vieux, car c'est vous qui les conduirez sur place. Sur ce, je vous quitte et merci pour le whisky.

Au moment où McNamara s'apprêtait à sortir, le constable ne put se tenir de remarquer :

— Vous êtes quand même un drôle d'éleveur de moutons!

— Je suis aussi un agent des Services Secrets qui aime bien son Ecosse et qu'on avait envoyé ici pour tâcher de savoir qui fabriquait de la fausse monnaie...

Le Club des Masques

ARNARD Robert
35 Du sang bleu sur les mains
57 Fils à maman

ASSELLS John
65 Solo pour une chanteuse

HRISTIE Agatha
(86 titres parus, voir catalogue général)

URTISS Ursula
25 Que désires-tu Célia ?

IDELOT Francis
24 La loi du talion
38 Le double hallali

NDRÈBE Maurice Bernard
12 La vieille dame sans merci
43 Gondoles pour le cimetière

XBRAYAT
(96 titres parus, voir catalogue général)

ERM Betty
40 Le coupe-papier de Tolède

ERRIÈRE Jean-Pierre
15 Cadavres en vacances
30 Cadavres en goguette

OLEY Rae
27 Requiem pour un amour perdu

INXMAN Margaret
42 Le cadavre de 19 h 32 entre en gare

RUGER Paul
63 Au bar des causes perdues
13 Brelan de femmes

EBRUN Michel
34 La tête du client

ONG Manning
19 Noël à l'arsenic
29 Pas d'émotions pour Madame

OVELL Marc
37 Le fantôme vous dit bonjour

IONAGHAN Hélène de
32 Noirs parfums

MORTON Anthony
545 Le baron les croque
546 Le baron et le receleur
547 Le baron est bon prince
548 Noces pour le baron
549 Le baron se dévoue
550 Le baron et le poignard
552 Le baron et le clochard
553 Une corde pour le baron
554 Le baron cambriole
556 Le baron bouquine
558 L'ombre du baron
560 Le baron riposte
563 Le baron voyage
565 Le baron est prévenu
559 Le baron passe la Manche
566 Le baron et les œufs d'or
567 Un solitaire pour le baron
569 Le baron aux abois
570 Le baron et le sabre mongol
571 Le baron et le fantôme
573 Larmes pour le baron
574 Une sultane pour le baron
579 Piège pour le baron
580 Le baron risque tout
581 Le baron et le masque d'or

PICARD Gilbert
450 Demain n'est qu'une chimère

RATHBONE Julian
511 A couteaux tirés

RENDELL Ruth
523 La police conduit le deuil
539 La maison de la mort
551 Le petit été de la St. Luke
576 L'enveloppe mauve

RODEN H.W.
526 On ne tue jamais assez

SALVA Pierre
475 Le diable dans la sacristie
484 Tous les chiens de l'enfer
503 Le trou du diable

SIMPSON Dorothy
533 Le chat de la voisine

STEEMAN Stanislas-André
586 L'assassin habite au 21
587 Six hommes morts
588 Le condamné meurt à 5 heures
589 Légitime défense (Quai des Orfèvres) *(sept. 89)*
590 Le trajet de la foudre *(nov. 89)*

STUBBS Jean
507 Chère Laura

THOMSON June
521 La Mariette est de sortie
532 Champignons vénéneux
577 Pas l'un de nous

UNDERWOOD Michaël
462 L'avocat sans perruque
531 La main de ma femme
538 La déesse de la mort

WAINWRIGHT John
522 Idées noires

WILLIAMS David
541 Trésor en péril

« Composition réalisée en ordinateur par INFORMATYPE SERVICE »

IMPRIMÉ EN FRANCE PAR BRODARD ET TAUPIN
Usine de La Flèche (Sarthe).
ISBN : 2 - 7024 - 0094 - 9
ISSN : 0768 - 0384

H 31/0243/1